康 德

判斷力之批判

下 冊

牟宗三 譯註

臺灣 學生書局 印行

譯 者 之 言

　　判斷力之批判下册是"目的論的判斷力"之批判。此從 §61
節開始。此 §61 節可視作此目的論的批判之引論，以此引論爲首
節。Meredith 譯卽作如此之安排。

　　此首節引論是從上册審美判斷中之"主觀的合目的性"說起
（關此我已詳論之於上册），轉至此目的論的判斷中之"客觀的
合目的性"。此目的論的判斷中之客觀的合目的性是指"材質的客
觀合目的性"言，並不指"形式的客觀合目的性"（如幾何中者）
言。此材質的客觀合目的性卽指表一"自然目的"之概念。"自
然目的"之提出乃是只對"反省判斷力"而言者，並非是對"決
定性的判斷力"而言者，因而此自然目的之概念只可充作一軌約
原則，而不可充作一構造原則。

　　討論此種"自然目的"者名曰"自然目的論"，此只適用於"有
機物"。由此，遂展開"目的論的判斷力之分析"之全部。由此
分析進而至"目的論的判斷力之辯證"，以明依機械法則而評估
自然與依目的因之法則而評估自然之背反並非眞是矛盾的對立，
而只是一種辯證的假象，故可消解其背反而使之爲並存。

　　目的論的判斷力之分析與辯證俱已講完，如是遂進至"目的
論的判斷力之方法學"。此則主要地是明自然目的論的性格，作
用，與限制，卽如何看那自然目的之概念。一般認爲此自然目的

論可成爲一"自然神學"，卽對於上帝之存在作一自然神學的證明。依康德，此實不能成一神學，乃只是進至神學之前奏或預備。要想進至一眞正的神學；則必須進至"道德的目的論"，而此道德的目的論只能成立一"道德的神學"，卽對於上帝之存在作一道德的證明。依康德，我們只能有一"道德的神學"，對於上帝之存在作一"道德的證明"。至於歷來所有的存有論的證明，宇宙論的證明，自然神學的證明，皆不能成立。

依中國的傳統，主要地是儒家的傳統，我們並無神學可言，因此，類比地言之，我們只有一道德的形上學，卽"踐仁知天，盡心知性知天"之全蘊。康德道德目的論中所說，儒家大體皆可接受。康德明說我們只有一"道德的神學"，而並無"神學的道德學"。關此，儒家尤其贊同。因此，我們只有一"道德的形上學"，而並無"形上學的道德學"。讀者若精熟儒家心性之學成德之教之全蘊，自可對於康德有一恰當的和會。不但儒家與康德可和會，甚至道家之玄智玄理，乃至佛家識智對翻三德秘密藏，亦可與之相觀摩，如是，可見人類智慧之大通。

在自然目的論方面，中國以無嚴格的科學，故亦無嚴格的機械觀，因而於動植物處亦無嚴格的有機觀，而無論於機械作用處或於有機物處，以皆屬自然故，故皆以氣化觀之，至多於有機處以"氣化之巧妙"說之。無論怎樣巧妙，亦總有其機械性。不要說動植物，卽使是人，若落於耳目之官的感性中，亦不免"物交物則引之而已矣"之機械性。因此，萬物相待而觀，你可提出"自然目的"以觀之，但同樣亦可說"天地不仁，以萬物爲芻狗"。動物之本能固極巧妙，但豈不正以其是本能故，同時亦含有機械性？因此，依此態度而觀，倒反更見具體而活轉，而亦不違康德之批判。你說牛羊吃草，草爲牛羊而存在；虎狼吃牛羊，牛羊爲虎狼而存在，等等：像這種自然目的論只是隨便一說而已，豈能當眞的？

我將此下册譯出，本亦想如上册然，寫一長文將中國的道德的形上學與康德的道德的神學相比論，但以撰長文需有組織力，太費力氣，又以此"目的論的判斷力之批判"之思理較單純而顯豁，又以已有圓善論，故亦覺得不需再寫了，實卽無精神無興趣再寫了（發動不起寫作之興會）。人到老了，只可隨便談談，提筆則很難。好在我隨譯文，到關節處總有案語以點示之。讀者反覆細讀譯文，並順所作之案語，自己去作疏導長文吧！

判斷力之批判

下　冊

目　　錄

判斷力之批判

第 二 部
目的論的判斷力之批判

第一分
目的論的判斷力之分析
§61（引論）
自然中客觀的合目的性

　　我們並不須越至知識底可能性之批判的說明以外去尋找充分的理由以便假定自然之在其特殊法則方面之一主觀的合目的性。〔案依原文及其他兩英譯：「我們依據超越的原則有很好的根據去假定自然之在其特殊法則方面之一主觀的合目的性」。〕這所假定的"主觀的合目的性"是一"涉及〔自然之〕可理解性"（涉及對[1]人之判斷力而言的〔自然之〕可理解性）的那合目的性，而且它亦是那"涉及「把諸特殊的經驗統一成一聯貫的自然系統」這種統一之可能性"的那合目的性。這樣，在此聯貫的自然之系統中，我們可以進而預期許多自然產品中的某些自然產品之可能的存在，這某些自然產品是這樣的，即它們好像是放在那裏對於我們的判斷力有一十分特別的關顧，因此，它們遂含有一

"特別適合於我們的判斷力"的形態。屬於此種形態的諸形態就是這樣的一些形態，卽這些形態經由其統一性與異質性之結合，它們好像是足以去加強並足以去鼓舞那些心力，卽"在判斷機能之運用中有其各自的表現"的那些心力，而卽以此加強與鼓舞之故，這些形態遂被名曰"美的形態"。

〔譯註(1)〕：

原文有此"對"字。"對人之判斷力而言"是依原文譯。Meredith譯無此"對"字，另造句，反多餘。

但是當作感取對象之集合體(綜體)看的那普遍性的"自然之理念"却並不給我們以任何理由去假定：自然之事物可互相充作達至目的之手段，或去假定：自然事物之可能性只有因着"達至目的之手段"這樣一種因果性才能被使成為完全可理解的。蓋因為在上面所提到的美的形態之情形中，事物之表象是某種在我們自己心內的事，它可完全很容易地甚至先驗地被思為是這樣一種表象，卽它很適宜於並且很方便於我們去處置我們的諸認知機能至於一內在而合目的的諧和之境。但是當一些目的並不是我們自己所有的目的，甚至亦並不屬於自然而為自然所有的一些目的（卽我們並不把此自然理解成一睿智的存有而有其目的）：當如此云云時，這便沒有理由先驗地去假定說：像這樣云云的一些目的，縱使它們不是我們自己所有的，亦不是自然所有的，可是它們仍可或應當去構成一特種的因果性，或至少仍可或應當去構成一完全特別的自然秩序。又有進者，像這樣云云的一些目的，其現實存在，除只依據一先行的"心靈的變戲法"之假定而被證明外，它亦不能經由經驗而被證明。這所謂"心靈的變戲法"乃是這樣的，即：這變戲法它只把一目的之概念<u>解成事物之本性</u>，而且由於它並不從"對象以及其由經驗所知於對象者"來引生出此一目的之概念，是故它之使用此一目的之概念比較起來只在<u>有便於使自然對於我們為可理解</u>，即因着類比於"我們的諸表象所依以有其內部連繫"的那一個<u>主觀根據</u>而使自然對於我們為可理解，而並不在有便於從客觀根據來認知自然。

此外，客觀的合目的性，若當作"物理對象所依以可能"的原則看，它是遠不足以必然地接觸到自然之概念的，如是遂致它只是那"被引用來去表明自然以及此自然之形態之偶然性"的常見的例證而已。因此，當一飛鳥之構造被引用時，舉例言，如鳥骨之凹形的形構被引用時，以及鳥翼之位置便於飛行，鳥尾之位置便於掌舵定向等，被引用時，這皆告訴我們說：如果我們單看自然中的"有效因之關係"（因有效因而成的因果連繫 nexus effectivus），而不求助於一特種的因果關係，即，不求助於一特種的"目的因之關係"（因目的因而成的因果連繫 nexus finalis），則上所引用關於飛鳥之構造的那些情形皆是高度的偶然。此即意謂：自然，若視作純然是機械作用，則它實可依千百種不同的路數而形成其自己而決用不着去發見那種統一，即那"基於像目的因之關係這類原則上"的那種統一，因而也就是意謂：那只有在自然之概念以外，而不是在自然之概念以內，我們始可希望先驗地去發見些微基於目的因原則上的統一之根據。

但是，在"把目的論的評估應用於自然之研究"中，我們至少或然地是對的，但目的論的評估之應用於自然之研究只是爲的因着"類比於那「注意於目的」的因果性"這種類比之辦法而去把自然置於觀察與研究之原則下，而却並不妄想經由這種類比之辦法而可以去解明自然。這樣說來，目的論的評估只是一種反省判斷力之評估，而並不是決定判斷力之評估。但是，目的所決定的那自然中的結合之概念與自然中的形態之概念，至少在自然之純然機械的因果性之法則所不及處，它或可是另一條"將自然之現象歸約成規律"的原則。因爲正當我們以"有關於對象"的因果性賦與於一對象之概念，好像這一具有所賦與的因果性的概念眞是被發見於自然中而不是被發見於我們自己身上者：正當我們是如此云云時，我們即是在提出一目的論的根據。或寧這樣說也許較好，卽：正當我們依據"我們在我們自己身上所經驗"的這種因果性之類比把對象之可能性描畫或表象給我們自己，因而遂視自然爲有其自己之技藝活動上的能力者：正當我們是如此云云之時，我們即是在提出一目的論的根據。而如果我們不把這樣一種運作之模式歸給自然，則自然之因果性必須被看成是盲目的機械之作用。但自然之盲目的機械作用之因果性是完全不同於信任自然爲具有意匠設計地活動着的原因的，而自然亦可以被視爲是在遵循其特殊法則中隸屬於這種具有意匠設計地活動着的原因的。此後一義必是意謂：目的論不只是基於一軌約的原則上（這軌約的原則乃是那"指向於對於現象之單純的評估"的原則），且是實際地基於一構造的原則上，此構造的原則乃是那有利於"從自然產品之原因引生出自然產品"的那個原則：旣這樣，則結果必是如此，卽：一自然目的之概念不再是爲反省判斷力而存在，但只爲決定判斷力而存在。但是若是這樣，則自然目的之概念實並不特別地與判斷力相連繫，就像當作一"形式的主觀的合目的性"看的美之概念那樣。反之，這時，自然目的之概念必應是理性之理念，而且它必會把一種新的因果性引入於科學中，這一新的因果性乃是一種"我們一直只借之於我們自己而歸之於其他存有"的一種因果性，雖然我們並不想假定說：其他存有與我們自己這樣的存有是同樣地被構造成者（是相似者，屬於同質者）。

§62
純粹形式的客觀合目的性
乃有別於
「材質的客觀合目的性」者

一切依據一原則而被畫出的幾何圖形皆展現一客觀的合目的性，此客觀的合目的性有許多的指向而且是時常被稱賞的。此客觀的合目的性在圖形方面有便於因一簡單原則而解答好多問題，甚至有便於依無限多的路數而解答每一問題。在這裏，合目的性顯然是客觀的而且是理智的合目的性，並非單只是主觀而美學的合目的性。因爲這合目的性表示"圖形使其自己適合於許多設想的造形（Gestalten）之產生"之路數，而且它是經由理性而被認知的。但是此合目的性並不能使對象自身之概念爲可能，那就是說，我們並不能視對象自身只因爲它可以有求於（或依靠於）這樣的合目的性之使用而爲可能的。

在像圓圈這一簡單的圖形中，就存有解答許多問題之秘訣，這所解答的許多問題中之每一問題皆各別地要求有種種精細的資具（種種儀器或準備），而我們似亦可說每一問題之解答，作為那圖形之無限數的特出的特性之一，好像是自然而來者。（自然：Meredith 譯為 "直接地" 非是。）例如，設已有了底線與對頂角，我們要構造一三角形。此問題是不決定的，卽是說，它許有無窮數的解答。但圓圈這圖形却擁有這無窮數的解答於一起，因爲一切三角形之幾何軌迹皆合乎此所給與之條件。又如兩條線相交，如是，這一條線底兩切段下的矩形等於另一條線底兩切段下的矩形。這問題之解答表面看來是很困難的。但是就像這樣的那一切線，卽 "在一圓圈內相交，而此圓圈的周圍又通過這一切線之端點而形成" 這樣的那一切線，它們皆直接地依此比例（卽上句所說兩矩形相等之比例）而被分割。其他曲線形皆同樣暗示給我們以其他有用的解答，這些其他有用的解答從未在這些曲線形所依以被構造的那規律中被想到。一切圓錐線，當各別地用之或互相比較地用之時，不管它們的定義是如何之簡單，它們皆在那 "爲解答好多可能的問題而備" 的原則中是有成果的。去看看這樣的熱誠，卽 "老幾何學家們用之以研究這樣的線形之此等特性，而從未讓其爲淺薄者關於「這樣的知識之是否有用」所發的問題所困擾" 這樣的熱誠，這實是一眞實的樂事。這樣說來，那些老幾何學家們遂不顧地球之吸引律爲如何而卽可研究拋物線之特性：地球之吸引律實可將其 " 應用於重體之彈射道" 之情形指示給那些老幾何學家們，因爲那些運動中之重體底引力之方向可以被視爲平行於一拋物線之曲線形：地球之吸引律雖可如此云云，然而老幾何學家們却可不顧這一切而自行研究拋物線之特性。那些老幾何學家們復又研究橢圓形之特性而並沒有猜想到一種引力也可以在天體中被發見，並且也並不知道管轄引力的那法則可以比照 "距離於吸引點" 之距離之不同而有變化（更變其表現之方式）， 並亦不知那管轄引力之法則可使物體在自由運動中畫成此曲線形。雖然在一切這些辛勞中，老幾何學家們不經意地為後來者而工作，然而他們自己却實是以一種合目的性而自娛，此合目的性雖即屬於事物之本性，然而他們却能夠完全先驗地去呈現之為必然的。精於幾何學的柏拉圖，他曾以 "事物之根源的構造之理念" 而被激發，對此根源的構造之理念之發見而言，我們能廢棄一切經驗； 他並以 "心靈底能力之理念" 而被激發，此心靈底能力之理念能使心靈去從諸真實事物之超感觸的原則而引生出此等真實事物之諧和（他以此等真實事物去分類數目之特性，這數目之特性即是心靈所用之以遊戲於音樂中者）。他這樣被興發起來， 如是， 他遂超越了經驗之概念而上升到理念（理型），這些理念看起來似乎只依"理智力與一切真實事物之根源相交通之假定" 始對於他而為可解明的。這樣， 無怪他將那無知於幾何的人從他的學園裏驅逐出去，蓋因為他想：從居住於人類靈魂深處的純粹直覺，他就能引生出安納撒哥拉斯（Anaxagoras）由經驗之對象以及此等對象之有目的的結合所推斷出的一切。因為那正是這樣一種東西之必然性， 即 " 這東西雖表面看來好像是一個根源的屬性而屬於事物之本質的本性而無關於對我們有何用， 然而它却又是合目的的，而且同時它又形構得好像是有意地為我們的使用而被設計出來似的"， 這樣的一種東西之必然性，它才是我們之對於自然之最大的讚美之根源，這一讚美之根源並非甚外於我們而在我們自己之外，它實卽位於我們自己的理性之內（與其說是外在於我們自己之外，不如說是位於我們自己的理性之內：Nicht sowohl ausser uns, als in unserer eigenen Vernunft: not so much external to ourselves as seated in our reason）。如果這種讚美，作爲一誤解之結果，易於逐漸上升而至狂熱盲信之度，則我們確然也可以恕而諒之而不必責之太甚也。

此種理智的合目的性，簡單地說，只是形式的，而非眞實的。換言之，它只是這樣一種合目的性，卽它不函蘊有一目的爲其基礎，因此，它亦無需於"目的論"。卽如其無需於目的論而觀之，它雖然是客觀的，並不是主觀的，像美學的合目的性那樣，然而它的可能性却可很容易被理解，雖只依抽象的（一般的）路數而被理解。一圓圈之圖形是一直覺，知性依照一原則而決定之。此是這樣的一個原則，卽 "我隨便假定之而且使之成爲一基本概念" 這樣的一個原則。如此樣的這個原則是應用於空間者，空間是直覺之一形式，這一直覺之形式亦同樣當作一表象而只在我們自己心內被發見，而且是先驗地被發見。那正是如此樣的應用於空間的這個原則之統一性它說明了那 "由該圓形概念之構造而結成" 的許多規律之統一。這些規律由許多可能的觀點展現合目的性，但是我們必不可把此合目的性基於一目的上，或依靠於任何其他的說明上。這是不同於在圍在一定界限內的外物之複合體中去發見秩序與規則性，例如去發見那像花園中的樹木，花壇，人行道方面的秩序與規則性，這方面的秩序與規則性乃是這樣的，卽，我不能期望由我依照某種 "出自我自己的頭腦" 的規律，所作成的空間之任何區劃，而先驗地去把這方面的秩序與規則性推演出來。因爲像花園中的林木，花壇，人行道這類東西是一些有眞實存在的東西（這些東西，要想成爲被認知的，它們必須是經驗地被給與的），而並不是那"依據一原則而先驗地被決定"的我自己心內的一種純然的表象。因此，這些有眞實存在的東西中的合目的性（經驗的合目的性）是眞實的合目的性，而由於是眞實的合目的性，是故它亦是那"依靠於一目的之概念"的合目的性。〔而亦正因此故，所以它亦得名曰材質的（非形式的）合目的性。〕

但是我們亦能十分容易地看出"讚美合目的性"之讚美之理由，而事實上，我們亦能很容易地視此讚美爲正當的，甚至當這被讚美的合目的性是被覺知於事物之本質的本性中時亦然。（所謂"事物之本質的本性"，此中之事物乃卽是這樣的事物，卽"其概念是我們所能構造者"這樣的事物）。我們當知種種規律可由一共同原則而引生出統一，這樣引生出的種種規律之統一卽可引起讚美。如此樣的種種規律一切皆是綜和性的，它們並不是由任何對象之概念，例如，由一圓形之概念，而被推出，但它們却需要有此對象被給與直覺中。有對象被給與於直覺中，此義遂給那統一（種種規律之統一）以這現象，卽此對象之諸規律並不同於我們的表象機能，它們實有一外在的根源。夫旣給那統一以如此之現象，是故那統一遂恰像是經驗的一樣。因此，"對象之相應諧一於知性自己之特別有需於規律"這種相應諧一之諧和（Uberein-stimmung）遂根本上顯出是偶然的，因而它亦只有藉賴着一個目的（一個"特別指向於其產生"的那目的），它才是可能的。現在，因爲這種相應諧一之諧和（Harmonie），不管一切所說的合目的性爲如何，它總不是經驗地被認知的，但只是先驗地被認知的，是故它亦正是那使我們確信以下之事實者，卽：“空間，單只經由此空間之限制（卽藉賴着依照一概念而活動着的想像所成的空間之限制），一對象始可能，這樣的空間，它並不是在我以外的事物之一性質，它但只是存在於我心內的一種純然的表象之模式”這一事實。因此，當我依照概念而畫一圖形時，或換言之，當我對於那外在地給與於我的東西形成我自己的表象時，不管那給與於我的東西其自己之固具本性是什麼，那實際發生的却正是這一點，卽：“我把這合目的性引入於那圖形中或那表象中”這一點。我不能由外在地給與於我的東西中引生出關於合目的性之經驗的教訓，因而結果，所謂圖形並不是這樣一個東西，卽“我須爲之要求有任何「在我自己以外而處於對象中」的特殊目的”這樣的東西（案意卽我並不須爲之要求有一特殊目的處於外在的對象中）。但是這種反省預設理性之一批判的使用，因此，它不能卽時含在對於對象以及對象之特性之評估中。因此，此評估直接所暗示給我的那一切便是異質的規律（甚至就其固具的差異性而言的異質的規律）之統一化於一個原則中，這一個原則乃是這樣的，卽：其眞理性我能先驗地認知之，而用不着爲此認知之目的去要求某種在我的概念以外的特別的說明，或較一般地言之，某種在我自己的先驗表象以外的特別的說明。現在，平常所謂“驚異”本是一種震撼或衝擊，這震撼或衝擊乃是心靈從“一表象以及經由此表象而被給與的規律這兩者之與心靈之現存的根本原則之準備之不相容”而感得者，因而這震撼或衝擊復又使一個

人懷疑其自己之見解或懷疑一個人之評判力；但是 "讚美" 却是
這樣一種驚異，卽這驚異它繼續不斷地再現，縱使上說之懷疑消
失以後，它仍繼續不斷地再現。結果，讚美是 "在當作現象看的
事物之本質中去觀察上所提到的合目的性" 這一種觀察之一十分
自然的結果，言至此，對於這種讚美實並無什麼可反對者。因爲
"上說的感觸直覺之形式（卽空間）之與概念機能（卽知性）相
契合" 這一種契合不只是未能解明爲什麼這相契合單只是這樣的
而不是那樣的，且此外，它復又產生一種心靈之擴張，在此擴張
裏，心靈得到了那處於這樣的感觸表象底範圍之外的某種東西之
存在之秘密之感，而那種契合一致之終極根源或許卽能被發見於
那所秘感的某種東西之存在中，雖然這所秘感的某種東西之存在
不被知於我們。 當我們只論我們的 先驗表象之形式的合目的性
時，我們實亦無須去知道此終極的根源；但是甚至只簡單地這事
實，卽"我們被迫着依那個方向（卽感觸表象外之方向）去展望"
這一簡單的事實亦可對那 "迫使我們去作這樣的展望" 的對象激
起一附帶的讚美。

　　"美" 之名是慣常地由於一種先驗的 [1] 合目的性的緣故而
被給與於上所涉及的那些特性（卽幾何圖形之特性兼及數目之特
性）， 那些特性是在其於知識領域中的種種路數之使用上而具有
那種先驗的合目的性。可是那些特性底構造之單純性必不會引導
我們去期望那種先驗的合目的性。如是，人們遂說及圓形之此一
美的特性或彼一美的特性，這是依此一樣式（路數）或彼一樣式
而被表露的。但是那並不是藉賴着美學的欣賞，我們始考慮這樣
的特性爲合目的的。在這裏，並無一種 "離開概念" 的評估它使

我們在我們的諸認知機能之自由遊戲中去注意一純然主觀的合目的性。正相反，那評估是一種依照概念而成的"理智的評估"，在此理智的評估中，我們很清楚地認知一"客觀的合目的性"，卽是說，認知一適合於一切種目的（卽一無限多的目的）的合目的性。上說此一美的特性或彼一美的特性，這些美的特性實寧可被名曰"數學圖形之相對的圓滿"，而不可被名曰"數學圖形之美"。恰當地說來，我們甚至也不能允許"理智的美"這個詞語：因爲，如果我允許此詞語，則"美"這個字必喪失其一切確定的意義，而"智性之愉悅"（純理智的愉悅）亦必喪失其"優越於感官之愉悅"之一切優越性。在這裏，"美"一詞可較好地被應用於所討論的那些特性之"證明"上；因爲在這裏，當作概念機能看的知性，以及當作"先驗地把這些概念具體地呈現出來而實化之"這實化之之機能看的想像力，皆得到一種"强化而令其鼓舞"之感（此强化鼓舞之感，加之以由理性而引出的準確性，便可被名曰證明方面之"精美雅致"）：〔既如此，則自可於證明上說"美"。〕因爲在此情形中，愉悅，雖然是基於概念上的，然而它至少亦是主觀的，可是"圓滿"却包含着一種客觀的愉悅。

〔譯註(1)〕：

　"先驗的"一詞，原文有，Meredith 譯漏掉，茲據補。

§63

自然之相對的合目的性
乃有別於
「自然之內在而固具的合目的性」者

茲只有一種情形，在此一種情形中，經驗把我們的判斷力引至一客觀而實際的（材質的）合目的性之概念，卽是說，引至一自然目的之概念。此一情形是什麼情形呢？此卽是：當某一原因對其結果所處之關係被檢查[1]時，而且當我們只有依據把"結果之觀念"引入因果原則中而且使之成爲因果性之根源並使之成爲"結果所依以可能的那基礎條件"，我們始能去看出此關係（卽原因對其結果所處之關係）中之齊一性時：只當是如此云云之情形時，經驗始把我們的判斷力引至一客觀而實際的合目的性之概念，卽是說，引至一自然目的之概念。現在，此情形可依兩路而被作成。〔第一〕，我們可直接視結果爲一"藝術產品"，或〔第二〕，我們可視結果爲其他可能的諸自然存有[2]（自然中的諸有生之物）爲其心中所有的藝術之意圖之故所可採用者（卽採用之以爲工具者）。 換言之，我們可把結果或視爲一目的，或視爲其他原因在追求目的中所用的一個工具。在此後一情形，卽視結果爲工具之情形中，那合目的性被名曰功利性，當其有關於人類時；或亦可被名曰適宜性，當其有關於任何其他有生之物時。而在前一情形，卽視結果爲目的之情形中，那合目的性，正相反，是一"內在而固具的合目的性"（intrinsic finality），此內在而固具的合目的性是屬於那當作一"自然存有"⁽²⁾看的事物之本身。

〔原註⑴〕：

　　純粹數學從不討論事物之真實存在，但只討論事物之可能性，卽是說，只討論一種"回應於事物之概念"的直覺之可能性。因此，它不能接觸到因與果之問題，因而結果也就是說，一切在數學那裏被觀察出的合目的性〔中之目的〕必須總是簡單地只被看成是形式的目的，而從不能被看成是一自然的目的。

〔譯註⑵〕：

　　"自然存有"，原文是 "Naturwesen"（natural beings），Meredith 譯爲"自然對象"（natural objects），或自然中之對象（object in nature），"對象"字非是。其他兩英譯皆如原文譯。自然存有意卽自然的有生之物或自然中之有生之物。

　　例如，河流在其流程中帶着各種有益於植物底生長之泥土而下，它有時把這些泥土淤積於內陸，或有時淤積於河口。在某些海岸上，高漲的潮水把這沖積的泥土帶於陸地上，或把它順海岸邊而淤積之。這樣，肥沃的土壤便增加了（特別當人加助力去阻止退潮把碎岩又帶回去時爲然），而植物王國（各種植物）遂於以前魚類及甲殼類底居住處得到一生長地。這樣，自然本身已造成陸地方面的許多增加，而且仍然繼續在增加，雖然增加得很慢。現在，便發生這問題，卽：這結果是否須被看成是自然方面的一個目的？因爲這結果對於人隱藏有利益。我說"對於人"，蓋因爲對於植物王國的利益不能被顧及，其所以不能被顧及是由於對反着陸地之得，茲有許多海產之失作爲"抵銷"。

或者我們可以舉這麼一個例子，即特殊的自然事物之適宜於作爲其他生物之工具之例子（設開始即假定其他生物爲目的）。例如，對松林而言，沒有比沙質土壤爲更好的土壤。現在，洪荒期的海水在其從陸地撤退以前，它就在我們的北部地區遺留下好多的沙土地帶。結果就是：在這種土壤上，一般說來，很不宜於任何種耕種，只廣大的松林能夠生長於其上，關於這些松林，我們常責備我們的祖先曾無故地毀壞之。現在，我們可以問：此原初的沙地之淤積是否曾是自然所懷有的一個"有利於可能的松林生長於其上"的目的。說到這裏，這是很清楚的，即：如果松林被假定爲是一自然的目的，則沙土亦必須被許可爲是一目的（雖只是一相對的目的），而洪荒期的海灘以及海水之撤退轉而便成爲對沙土那一目的而言的一個手段；因爲在一合目的的連續底互相隸屬的分子之系列中，每一居間的分子必須被看成是一目的（雖不是一最後的目的），對此目的而言，其近因便作爲手段而存在着。同樣，如果家畜如牛馬等要存在於世界上，則地球上便須有青草；如果駱駝要吃得飽（上臘），則含有鹼質性的植物就須生長於沙漠中。又如狼、虎、獅子要存在，則上說吃草的動物或其他吃草的動物便須要多有。結果，基於適宜性上的客觀合目的性不是事物之一內在的客觀合目的性：恰像是沙地，當作單純的沙地看，不能被思議爲是其原因（海水）之結果，除非我們使此原因（海水）傾向於（意在於）一個目的，而視此結果，即沙

地，爲一"藝術產物"。基於適宜性上的客觀合目的性是一純然相
對的合目的性，而就這樣的合目的性之被歸給事物本身而爲事物
本身之所有而言，這樣的合目的性又只是偶然的合目的性；而雖
然在上面所引用的事例中，各種草木或植物，依其自己之權利而
論，須被評估爲自然之有機的產物，因而須被評估爲藝術之事
（案卽"天工開物"之藝術之事），然而在關聯於吃草之動物中，
則它們須被看成是純然的原料（案卽飼料，此則便是"天地不仁，
以萬物爲芻狗"）。

尤有進者，人之因果性中之自由能夠使人去把自然的事物適
宜於人所懷有的目的。這些目的時常是愚蠢可笑的，此如當人使
用飛鳥底華麗色彩的羽毛來裝飾其衣服，並使用有顏色的泥土或
植物底漿液來描畫其自己之身體時，便是愚蠢可笑的。有時這些
目的是合理的，此如當人使用馬便於乘騎，使用牛來耕田，便是
合理的，或像米諾卡（Minoca）島上的人甚至用驢或豬來耕田，
這也不能說是不合理。但是在這裏，我們甚至不能假定一相對的
自然目的，所謂相對卽是"相對於這樣的使用"之相對：不能假
定一相對於這樣的使用之相對目的。因爲人的理性告訴人如何去
把事物適宜於人的隨意的一時興起的念頭，人本身並不曾爲自然
所注定，注定要有這些興起的念頭的。一切我們所能說的是：如
果我們假定"人們定須生存在世界上"是我們所要企圖的，則至少
那些生活資具也必不能缺少，蓋因爲若無一些生活資具，則人們
便不能作爲動物而生存，甚至也不能作爲理性的動物（不管理性
如何低）而生存。但是在這種情形中，對這樣的生存而言是不可
缺少的那些自然物〔本身〕也必須同樣被看成是自然之目的。

由上所說，我們很易見到：" 對他而言的外附的合目的性
(extrinsic finality)， 卽一物之適宜於他物之適宜性， 其所依
以被看成是一外附的自然目的" 的那唯一條件便是：" 一物或逕
或近所適宜於" 的 "那一物之存在" 其自身，並依其自己之權利，
就是一 "自然之目的"。 但是這一點從不能因着任何純然的自然
之研究而被斷定。因此，隨之而來的便是：相對的合目的性，雖
然依據一種假定，它可以指點到"自然的合目的性"，然而它却並
不保證任何"絕對性的目的論的判斷"。

在寒冷地區裏，雪保護種子免於受凍。通過雪車之使用，冰
雪地亦有利於人類的來往交通。拉普蘭德島的人（Laplander）
在這些寒冷地區裏，以動物，卽馴鹿，來完成這種來往交通。馴
鹿在一種乾枯的苔蘚裏找到足夠的食物以維生，這些乾枯的苔蘚
就是牠們爲其自己從雪底下用爪去抓出來的。馴鹿本這樣可以維
生，然而牠們却甘於受馴養而無困難，而且毫不勉强地讓其自己
被剝奪這自由，卽 "牠們大可以依之以自食其力" 的那自由。對
這些冰封區的其他居民而言，海洋於"供給動物"方面亦甚豐富，
其所供給之動物反而可把燃料供應給居民，供應之以便燒暖其小
屋。此外，茲又有這些動物所供應的食物與衣料，復又有木料，
此木料好像是海洋本身單爲這些居民沖進來以便作爲其造屋之材
料。現在，在這裏，我們有許多 "自然之關聯於一目的" 之可驚
的會合，這一目的就是爲的成其爲格林蘭島人(Greenlanders)，
薩模奕島人 (Samoyedes)，耶庫島人 (Jakutes) 之生活情形之
目的，以及成爲其他類似者之生活情形之目的。但是我們却不解
人們爲什麼一定要生活在這些地方。因此，要說 "水氣依雪之形

式而從大氣下降"這事實，以及"海洋有其潮流，這潮流把生長於較暖地帶的樹木沖進這些冰封區"這事實，以及"含有油量的海怪可在海洋裏被發見"這事實，要說這些事實皆由於有某種"有利於某些可憐人"之觀念居在背後來使一切這些自然產物會在一起，這必會是一十分冒險而隨意的肯斷。因爲設若一切這些功利目的在自然方面皆不存在，這些自然原因之足以適合此種生存之秩序也必不會有什麼錯失。反之，若在我們這方面甚至去要求自然有這樣的一種能力或要求其有這樣一個目的，這亦必會看起來似乎是大膽而輕率的。因爲除人類中社會的統一（諧和團結）之極端缺乏外，再沒有什麼東西能夠把人們分散到這樣荒涼冷落的地區裏。

§64
當作自然目的看的事物
之特異的性格

當一物所由以有其起源的因果性必不可在自然之機械作用中被尋求，但只應在一個"其活動能力爲概念所決定"這樣一種原因中被尋求：當一物是如此云云時，則此一物之爲可能便卽是那只當作一目的看才爲可能者。要想我們可以覺知一物只有依此路數才可能，那所需要者便只是這一點，卽：此物之形式不是依據純粹自然法則而爲可能者，卽是說，不是依據這樣的法則，卽如"我們只藉賴着那「應用於感取之對象」的單獨知性所能認知者"這樣的法則，而爲可能者；但正相反，此物之形式只這樣才可能，卽：在關於此物之原因與結果中，甚至要經驗地去知此物，此物之形式亦要預設"理性之概念"：只有依據此理性概念之預設，此物之形式才可能。在這裏，就目前任何經驗的自然法則而論，我們便有那"關聯於理性"的事物底形式之一偶然性。現在，理性在任何情形中，皆堅決主張去認知一自然產物底形式之必然性，甚至當理性只想去覺知那"含於此自然產物之產生中"的條件時，它亦堅持去認知此自然產物底形式之必然性。但是，在上面所提到的那冰島人生活情形中的自然事物之形式裏，理性卻不能得到此必然性。因此，上說那事物之形式之偶然性其自身就是一個"根據"，這根據使我們視事物之根源，恰因那偶然性之故，好像是這樣的，卽：此事物只有通過理性才可能。但是因果性，若這樣解釋之，它便變成"依照目的而活動"這種活動之機能，卽是說，變成一"意志之機能"；而那對象，卽那"被表象為只由這樣一種意志而引生其可能性"的那對象，將只作為一目的才可被表象為是可能的。

設想一人曾來到一個在他看起來似是無人住的地方，並且設想他曾看見一個畫在沙地上的幾何圖形，例如說，一規則的六角形。當他反省而且想去得到那圖形底一個概念時，他的理性必會使他意識到（雖或模糊地意識到）：在此概念之產生中存有原則之統一。如是，他的理性必會禁止他去視沙地，鄰近的海水，風吹，或甚至動物連同動物之足印，這些他所熟悉的原因，或任何其他非理性的原因，作為這樣一個六角形之形式之可能性之根據。因為像六角形這一概念只有在理性中才可能，是故"巧遇這樣一個概念〔一個規則的六角形〕而偶然與之相遭遇"[1]之偶然性在他看起來必會顯是如此之無限地大（如此之大或甚）以至於恰像是在此概念之情形中畢竟並無"自然法則"之可言。因此，那必看起來是這樣的，卽：六角形這樣一個結果底產生之原因決不能含在"自然之純然的機械運作"中，但正相反，六角形這樣一個對象，其概念由於是這樣一個概念，卽"只有理性始能產生之，而且只有理性始能把對象拿來與之相比對"這樣一個概念，是故這樣一個概念它必須同樣亦就是那"唯一含有「產生此對象」的因果性"的概念。據此，對我們所設想的那一個人而言，那必看起來是這樣的，卽：此結果（卽"六角形之產生"這一結果）必是一個"無保留地須被看成是一目的（雖不是一自然的目的）"的結果。換言之，那人必應視此結果爲一藝術之產品（a product of art - vestigium huminis video）。

〔譯註(1)〕：

此依原文及其他兩英譯而譯。Meredith 譯爲"和這樣一個概念一致相合"不諦，且易引起誤會。

但是，當一物被認爲是一自然之產物時，如果卽使其是一自然之產物，我們猶想評估其爲一目的，因而結果也就是說，評估其爲一自然目的，則某種較多一點的東西是需要的（如若不然，我們的評估或許會含有矛盾）。我暫時可以這樣說：如果一物它既是其自己之原因又是其自己之結果（雖這"既是又是"，其意義不同，卽"是"字是在雙重意義中），則此物卽作爲一自然目的而存在。因爲此"既是其自己之原因又是其自己之結果"之情形含有這樣一種因果性，這因果性，我們不能把它拿來和純然的自然之概念相聯合，除非我們使那自然基於一個"居在基礎地位"的目的上，但是這樣一來，那因果性固可被思而並無矛盾，然而它却是不可理解的。在分析此種自然目的之觀念之構成因素以前，先讓我們用一例來說明其意義。

首先第一，一棵樹依照一常見的自然法則而產生另一棵樹。但是它所產生的那棵樹是屬於與其自己為同類者。因此，依其種類而言，它產生它自己。在此種類中，由於它時而為結果，時而為原因（既一方為結果又一方為原因），繼續不斷地〔作為結果〕由其自己而被產生而同樣繼續不斷地亦〔作為原因而〕產生其自己，是故它是依種類之方式而保持其自己。

其次第二，一棵樹甚至亦作為一個體而自生其自己。我們只名這〔自生之〕結果為"生長"，這自不錯，但是"生長"在這裏是依這樣的意義而被了解，即：這意義它使"生長"完全不同於那依照機械法則而有的任何增加，而且它使"生長"為等值於"生出"或"生長成"（generation: Zeugung）（雖在另一名稱下）。植物它首先預備好它所消化的材料而賦給這材料一有特色的性質（這一性質是此植物以外的那自然之機械作用所不能供給者），而且此植物復又藉賴着一種材料而發展其自己，它所藉賴以發展其自己的那一種材料，依其組合的性格而言，實就是此植物自己之產物。因為，雖然就此植物由外邊自然所引生出的構成成分而言，此植物固必須被看成只是一"引出物"（educt: Edukt: 由構成成分而引生出者），然而依此等構成成分之原料之分離與重新結合而言，我們却在像植物這類自然存有方面發見一種根源的選擇之能力與構造之能力。所說植物這類自然存有，它是遠遠甚至無限地超過一切藝術之努力的。當藝術之努力企圖由其通過此類自然存有之分析所得的諸成素，或由自然爲此類自然存有之營養所提供的材料，而重新去構造那些植物王國之產品時，你就可以見到這藝術之努力是遠不及那些自然物之精巧或巧妙的。說那些自然存有無限地遠遠超過藝術之努力，這豈不甚顯？

最後第三，一棵樹之某一部分之產生其自己也是依以下的方式而產生其自己，即："某一部分之保存是交互地依待於其他部分之保存"，即依此方式而產生其自己。一個"從一棵樹之小枝上摘取下來而又被安置於另一棵樹之分枝上"的嫩芽它就在異幹上產生其自類者之生長，而一嫩枝被移接於另一棵樹之枝幹上亦然。因此，甚至在同一棵樹之情形中，每一分枝或每一樹葉皆可被看成是移植或接種在這棵樹上的，因而結果也就是說，皆可被看成是一棵"有其自己之各別存在"的樹，這有其自己各別存在的樹只是把它自己附在另一棵樹上，而且是寄生地生存於這另一棵樹上。同時，樹葉固確然是樹之產物，但是它們轉而也可維持這棵樹之存在；因爲反覆落葉會使樹木枯死，而樹木之生長是依靠於樹葉之作用於樹幹上的。至於以下一類事，即：就植物生命底這些形式而言，在有損害的情況下，當對於鄰近部分之支持爲必要的那某一部分之缺乏經由其餘部分而被補給時，自然必有其歸於自我救助之道；還有，當由於某種有缺陷或有障礙的機遇之故，某些部分採用一完全新的形構以保存其現有的生長，因而遂產生一不規則的形式時，生長中遂有畸形或歪形出現：凡此等事，我只想在這裏順便這麼一提便可，雖然它們也是列在有機生命底形式之最可驚異的特性之內的。

§65
當作自然目的看的事物
是有機體

當一物是一自然之產物，而旣若此，然而却又須被認知爲只有當作一自然目的看它才是可能的：當一物是如此云云時，則由前 §64 節所陳說的此種事物之性格而言，此物必須對其自己交互地或更替地處於旣爲因又爲果之關係中。但是，此是一種有點"需要由一確定的概念來推究其所由來"的不準確且不決定的說法。

當因果連繫只藉賴着知性而被思時，則它是"構成一永遠不移地前進的因與果之系列"的一種連繫。那"作爲結果而預設其他事物爲其原因"的那些事物其自身不能轉而又是那作爲其原因的其他事物之原因。此種因果連繫被名曰"有效因底因果連繫"(connexion of efficient causes: nexus effectivus)。但是，另一方面，我們也能依照一理性之概念，卽目的之概念，去思一因果連繫，這樣所思的因果連繫，如若視之爲一系列，則它固含有後返的依待，但亦同樣含有一前進的依待。這樣的因果連繫必是這樣一種連繫，卽在此連繫中，那暫時被命名爲結果的東西，如若我們後返地看此系列時，縱然它是結果，它亦應該被說爲是原因，卽該說爲是那種東西，卽"它曾被說爲是其結果"的那種東西之原因。在實踐之事之領域中，卽在藝術之領域中，我們很容易找到此類連繫之例子。這樣說來，一所房子確然是那當作租金而收得的銀錢之原因，可是，轉過來，此可能的收入之表象又是房子之建造之原因。此類因果連繫被名曰"目的因之因果連繫"(nexus finalis)。前有效因之因果連繫或可更適當地被名曰"真實原因之連繫"，而此目的因之因果連繫則可更適當地被名曰"理想原因之連繫"，因為以此種詞語之使用而觀，那必會即刻使吾人了解在此兩種因果性之外不能再有其他。

現在，被視為一"自然目的"的一物之第一所需要者便是：此物之各部分之存在與形式之兩方面皆只有因着其關聯於全體而後可能。因為此物其自身即是一目的，因而它亦是在如下所說那樣一個概念或理念之下而被理解，即：此概念或理念必須先驗地決定那一切須被含於此物之中者。但是當一物之可能性只有依此路數而被思時，則它簡單地說來，即是一藝術品。換言之，它是一睿智因之產品，此一睿智因不同於事物之材料或部分，而且它是這樣一個原因，即這個原因之因果性，在把各部分聚在一起而又把它們結合起來中，是經由此原因所有的一個"全體"之理念而被決定的，而所謂一"全體"之理念，此中之"全體"乃即是那經由此理念而被使成為可能者，因而結果也就是說，它並不是那經由外在的自然而被使成為可能者。

但是，如果一物是一自然之產物，而即在此性格中，縱然它是一自然之產物，然而它却內在而固具地而又在其內在的可能性中要含有一"關聯於目的"之關聯，換言之，它只有作為一自然目的而獨立不依於"外在的理性的行動者（理性的存有）"之概念底因果性，它才是可能的：如果一物是如此云云時，則第二所需要者便須被牽涉在內，此第二所需要者是如此，即：此物之各部分是因着"它們之交互地旣是其自己的形式之原因又是其自己的形式之結果"這一方式而把它們自己結合成一"整全之統一"。因爲只有在此方式中，整全之理念才可能倒轉地或交互地轉而決定一切部分之形式與結合，而它之決定一切部分之形式與結合却亦並不是作爲一原因（一睿智因）而決定之（因爲若這樣決定之，則這必使此物成爲一藝術品），但只作爲一認知之基礎而決定之，依此基礎，一切含在特定材料中的雜多之形式與結合之系統性的統一才對評估此物的人成爲可認知的。

依此，在這樣一個物體，卽"依其固具的本性與內在的可能性而言，它須被評估爲一自然目的"這樣一個物體之情形中，我們所需要者是如下之所說，卽：它的各部分必須在其集合的統一中，於其形式與結合這兩方面，皆同樣交互地彼此相生，而這樣，它們遂又因着其自己之因果性而產生一"整全體"，此一整全體之"概念"（在一如此之存有，卽那"依照概念而具有一「適當於此一整全體之產物」的因果性"，這樣一個存有中）倒轉過來，又能依照一原則而成爲該"整全體"之原因，這樣，遂有這結果，卽：雖卽"有效因底連繫"亦仍可被評估爲是經由目的因而產生的一種運作效果。

在如此所說的一個自然產物中，每一部分皆被思爲由於一切其餘部分之作用而得其存在，而且亦被思爲"爲其餘部分之故"而存在，並"爲全體之故"而存在，卽是說，每一部分皆是當作一工具或機件（instrument or organ）而被思。但是，只如此說尚不夠，因爲若只如此說，則每一部分可只是人工藝術之一工具，因此每一部分遂不過只有其"涉及一目的"的一般可能性。此旣不夠，如是，反之，每一部分皆必須是產生其他部分之工具，結果，每一部分皆交互地產生其他部分。沒有人工藝術底工具能符合此義，但只自然之工具才能符合此義，所謂"自然"乃是這樣的自然，卽：每一工具之材料皆由此自然之資源而引出，甚至人工藝術底工具之材料亦皆由此自然之資源而引出：只有這樣的自然之工具才能符合此義。只有在此義所表示的條件之下，而且亦只有依據此義所表示的條件，這樣一種自然產物始能成為一有機組織的存有，而且成為一自我組織的存有，而卽如其為一有機的與自我組織的存有，它始被名曰一自然的目的。

在一只手錶裏，每一部分是"其他部分之運動所由以成"之工具，但是這一個齒輪却並不是其他齒輪之產生之有效因。每一部分確然是"為另一部分之故"而存在，但它却並不把它的存在歸功於那另一部分之作用。為此之故，錶以及錶之形式之產生之原因也不是含在材料之本性中，但只處於手錶外的一個存有中，這一個存有（人或工匠）能依照"一整全體"之理念而活動，那"一整全體"乃是此存有之因果性所使之為可能者。因此，手錶中的這一個齒輪並不因着利用外來的材料，或組織起外來的材料，而產生其他齒輪，而且此一手錶也更不因着如此之辦法而產生其他手錶。因此，手錶並不能自行恢復其被剝奪掉的那些部分；如果這些部分在原初的構造中卽不存在，它也不能因着其餘部分之補助而修補這缺陷；它更也不能恢復其自己之偶然的失序。但是這一切却是我們有理由所期望於有機的自然者。因此，一有機的存有並不是一純然的機器。因為一機器只有運動力，而一有機的存有却有內在而固具的形構力，而尤有進者，它又是這樣的，卽

如它更能把此形構力賦與於原無此力的材料，材料卽是它所組織
的那材料。因此，這種形構力是一自我傳播繁殖的形構力，它不
能經由單獨的運動能力而被說明，那就是說，它不能經由機械作
用而被說明。

但是當我們說有機產物中自然之能力爲人工藝術之類似物
時，則我們對於自然以及此有機產物中自然之能力尚未說及其一
牛（說的太少）。因爲在此類似人工藝術品之情形裏，那呈現於
我們心靈面前者乃是一個在自然外進行工作的技藝者（一有理性
的存有）。可是，正相反，自然不是一個自然外的技藝者（技匠），
自然乃是這樣的，卽：它組織它自己，而且它在其有機產物底每
一種目中組織它自己，它組織它自己是遵循一簡單的模式的，這
簡單的模式固確然是關於一般性的模式，然而縱然如此，它也允
許有“在特殊環境下適合於去獲得自我保存”的那些偏差或脫離
常軌者。如果我們說此不可滲透的特性是類似於生命者，卽生命
之類似物（不是人工藝術之類似物），則我們或許更近於此不可
滲透的特性之描述。但是，這樣一來，我們可有兩種情形：(1)或
者我們定須去把一種“與物質之本質的本性相矛盾”的特性（活
物論之特性 hylozoism）賦與於物質（純然物質的物質）；(2)或
不然，我們定須去把一“與物質相交通”的外來原則（一個靈魂）
拿來與物質相聯合。但是，如果這樣一種產物須是一自然產物，
則要想去把一靈魂帶進來，我們定須去採用以下兩路之任一路，
卽：或者我們必須預設有機的物質爲這樣一個靈魂之工具，而這
樣一個靈魂並不使有機的物質較爲更可理解一點，或不然，則我
們必須使靈魂成爲此結構之技匠（營造者），在這樣情形下，我

們必須把產物從（色體的）自然中撤離出來。依此，嚴格地說來，自然之有機作用決無什麼可以類比於我們所知的任何因果性的⑴。自然的美可以正當地被名曰"藝術之類似物"，因為這美只在關於"對象之外在直覺"之反省中而被歸屬給對象，因而也就是說，只因為對象之表面形式之故而被歸屬給對象。但是內在而固有的自然的圓滿，由於它為那些"只有作為自然目的才可能，因而只有被名曰有機體才可能"的諸事物所具有，是故它不是依據任何類比，類比於任何所知的物理的或自然的能力之類比，所可思議的，亦不是依據任何這樣的類比所可解明的，它甚至也不是依據任何類比於人類藝術這的確適宜的類比之提示所可思議與所可解明的，因為我們人類自己依最廣的意義而言，也是自然之一部分。〔案依中國儒道兩家的傳統，只說這是造化之妙，並不作強探力索的類比，甚至自然目的一詞亦不用。〕

〔**原註⑴**〕：

　　　　關於"自然之有機作用沒有我們所知的任何因果性可資類比"，康德有註如下：

　　可是另一方面，我們可以使用一"類比於所說之直接的自然目的"之類比來表明某種聯合，但是這某種聯合常是被發見於理念中，而不是被發見於事實中。在最近所從事的"想把一偉大的民族轉形為一個國家"這完整的轉形之情形中，"有機組織"這個字眼時常地亦很恰當地被用來去表明"法定權力"之憲法，甚至表明"全部國家"之憲法。因為在此種全體中，確然沒有任何分子定須只是一純然的工具，但亦定須是一目的，而且，由於每一分子皆對於整體之可能性有其貢獻，是故他的地位與功能亦必須轉而為那整體之理念所規定。

依此，"一物之內在地為一自然目的"之概念既不是知性之一構造概念，復亦不是理性之一構造概念，它但只可以作為一軌約概念而為反省判斷力所使用，用之以便依照目的一般，因着一種與我們自己之因果性之疏遠而模糊的類比，來指導我們之"對於有機體這類對象作研究"這種研究之工作，並用之以為"對於這類對象底最高根源作反省"這種反省之基礎。但是在用之以指導我們去研究有機體並用之以去反省有機體之最高根源之基礎中，那自然目的之概念並不能被用來去促進我們的自然之知識，或促進有機體那些對象底最高根源之知識，但正相反，它必須被封限於恰正是理性之同樣的實踐能力之職務內，在"與理性之實踐能力之職務相類比"之類比中，我們來考量所論的合目的性之原因。

因此，有機體是自然中唯一的如此樣的一些存有，即：這些存有，就其各別的存在而離開和其他事物之任何關係而論，它們只有當作自然之目的看才是可能的，否則它們絕不能被認為是可能的。因此，那首先把一客觀實在性給與於一自然之目的之概念（不是給與於一實踐目的之概念）者正是這些有機體。這樣說來，這些有機體以對一目的論而言的基礎提供給自然科學，或換言之，它們把"依一特殊原則而評估其對象"這一評估之模式提供給自然科學。所謂"依一特殊原則而評估其對象"，此中所謂一特殊原則乃是這樣的，即：若不依之以評估自然科學之對象，而想去把它引介於自然科學中〔以為一認知之實原則，由之而可以收到自然對象之實知識〕，那必應是絕對不可證明為正當的，蓋因爲我們完全不能先驗地去覺知這樣一種因果性之可能性。
〔正以此故，自然目的之概念旣不是知性之一構造概念，亦不是
理性之一構造概念，但只是反省判斷力上的一個軌約概念。〕

§66
"有機體中內在固具的合目的性所依以被評估"
之原則

茲有一原則，述之足以界定所謂有機體是何意謂。此原則維
何？曰：此卽：一有機的自然產物是一個"其中每一部分皆交互
地旣爲目的又爲工具（手段）"的產物。在這樣一個產物中，沒有
什麼東西是徒然的，是無任何目的的，或須被歸給自然之一盲目
的機械作用的。

採用此原則之機緣自必須由經驗而引生。（所謂經驗是這樣
的經驗，卽如"有方法地被安排而亦可被名曰觀察"的那經驗）。
但是由於那原則謂述這樣的合目的性之普遍性與必然性之故，那
原則又不能只基於經驗的根據上，而是必須有某種先驗原則居於
基礎地位以爲其根據的。但此作爲根據的先驗原則可以只是一個
軌約原則，而且它亦可只是這樣的，卽：此所論之目的只處於那
"作成評估"的個人之理念中，而並不處於任何有效因中。因此，
上面開始所說的那個原則（卽可以界定有機體的那個原則）可以
被名曰格準，這格準卽是那"用之以評估有機體之內在而固具的
合目的性"的格準。

這是大家所知的事，卽：解剖動植物的科學家們，他們要想
去研究動植物的結構以及想去看透這理由，卽"爲什麼動植物備

有如此這般的諸部分"之理由，並想去看透這目的，即"動植物所爲之而備有如此這般的諸部分"之目的，並想去看透"爲什麼諸部分具有如此這般的位置與具有如此這般的相互的連繫"之理由，以及想去看透"爲什麼內在的形式確然是如其所是者"之理由：要想去看透此等等，他們便採用上說的格準而以之作爲絕對地必然的。如是，他們便說："在這樣的有生之物之形式中，沒有什麼東西是徒然的"；他們並把此格準置於妥效性之穩固地位，其被置於妥效性之穩固地位同於"無偶然而生者"這個一切自然科學中之基本原則之被置於妥效性之穩固地位。事實上，科學家們完全不能擺脫此目的論的原則，正如其不能擺脫那個一般物理科學之原則。因爲恰如：此後者之放棄（即物理科學之原則之放棄）必會使科學家們無任何經驗知識之可言，是故前者之放棄（即目的論的原則之放棄）亦必會使科學家們無任何線索可以助其對於某類自然事物之觀察，這所謂某類自然事物即是那"曾在自然目的之概念下被思"的那些事物。〔案意即：若無目的論的原則，科學家們必無法觀察那"在有機體中當作自然目的看"的這類自然事物。〕

　　實在說來，此自然目的之概念實把理性引進一種事物之秩序爲完全不同於"一純然的自然之機械作用"之秩序者，此一純然的機械作用在那種事物之秩序中不再表明爲是適當的。須有一個理念居於"〔像有機物這樣的〕自然產物底可能性"之基礎地位以爲其根據。但是此理念是"屬表象方面"的一種絕對的統一性，而材料則是"屬事物方面"的一種眾多性，此則自不能供給"組合之確定的統一性"。因此，如果那種理念之統一性實足以充作

〔像有機物〕這樣一種組合物底因果性之自然法則之先驗的決定根據，則自然之目的必須被致使去擴展到那"含在自然之〔有機〕產物中"的每一東西上。因為如果一旦我們把〔像有機物〕這樣一個結果提升在自然之盲目的機械作用之範圍以外，而又把它當作一整全體而關聯到一超感觸的決定根據上，則我們必須完全依據目的論的原則來評估這樣的結果。我們沒有理由假定〔像有機物〕這樣一種事物之形式仍是大部分依靠於盲目的機械作用的，因為以兩異質原則之這樣的混擾而觀，則每一評估事物的可靠規律必會喪失而無餘。

　　無疑，例如在一動物軀體之情形中，有好多部分可以依單純的機械法則，把它們當作加添的合生物（accretions）而說明之（此如皮、骨、髮等）。但是那"把適當的材料累積起來而修飾之，形構而鑄造之，而又把它安排在其恰當的地位中"的那原因却必須總是目的論地被評估。因為軀體中的每一事必須被看成是有機的，而每一事在其對於一整全物之一定關係中其自身轉而又卽是一"機件"（organ）。

§67
"自然一般所依以目的論地被評估為一目的之系統"的原則

　　我們上面已說自然事物之"外在或外附的合目的性"（ex-trinsic finality, äusseren Zweckmässigkeit，意卽非內在而固具的合目的性，這種對他而言的外附的合目的性）對於"視自然事物為自然之目的以解明自然事物所以存在之理由"這一層並不

能供給任何充分的證成，或說，對於"把自然事物之偶然地合目
的的結果理念上視之爲「自然事物之依目的因之原則而有其所以
存住」之根據"這一義並不能供給任何充分的證成。如是，我們
並不能因爲河流有利於內陸各國的國際交通，逐即有權視河流
爲自然的目的〔目的在利交通〕，或因爲高山含有河流之源泉並
保有雪庫以維持旱季時河流之水流不斷，逐即有權視高山爲自然
之目的〔目的在使河水長流〕，或因爲陸地之斜坡沖走許多積水
而使國家乾旱，逐即有權視陸地之斜坡爲自然之目的〔目的在沖
走積水使國家乾旱〕。因爲雖然地球表層之此種布置對於動植物
王國之起源與維持是十分必要的，然而此種布置本質上它並不含
有什麼東西其可能性必使我們感到不得不去訴求一依照目的而成
的因果性。此義同樣適用於爲人所利用或所享用的植物，或適用
於像駱駝、牛、馬、犬等這類動物，這些動物是可以依各種不同
的方式而被使用的，它們有時可用作人所役使者，有時可用作人
所賴以生存的食物，而大部分則被認爲是完全不可缺少的。像
這樣的事物，即如"我們沒有理由依其自己之權利而視之爲目的
（沒有理由去視之爲其自身即是一目的）"這樣的事物，其外在關
係只能假然地被評估爲合目的的。

我們一方可以因着一物之內在形式而評估一物爲一"自然的
目的"，但另一方，也可以視此物之眞實存在爲"自然底一個目
的"（自然所有的一個目的，自然所追求的一個目的）。這兩種看
法之不同是有本質的區別的。要想去維持後一看法（即"視一物
之眞實存在爲自然底一個目的"這一看法），我們不只需要有"一
可能的目的"之概念，且亦需要有"自然之終極目的"之知識。但

"需要有自然之終極目的之知識"這一點卽需要我們把自然關涉到某種超感性的東西上，而"關涉到某種超感性的東西上"這一種關涉是遠遠超過了我們對於自然所有的任何目的論的知識的；因爲要想去找出自然本身底眞實存在之目的，我們必須在自然以外去尋求。"一簡單的草葉之根源亦只有依目的之規律而可能"這一點，對我們人類的評判機能而言，已足以由此草葉之內在形式而被證明。但是設讓我們把此種考慮暫置於一邊而不顧，而只注意一物爲其他自然存有所安排之用處，如是，此卽意謂我們暫捨棄內部有機組織之研究，而只注意於對於目的之外部的適合。這樣，我們看到牧草爲家畜所需要，需要之以爲其生存之資具，而家畜亦同樣爲人們所需要，需要之以爲生存之資具。但是我們看不出究竟爲什麼"人們事實上定須存在"是必然的。（這一問題並不是很容易回答的，如果我們心目中所有的人之樣本，譬如說，眞是像新荷蘭人那樣，或眞是像拉丁美洲島上的土人那樣。）這樣，我們便達不到任何定然的目的。正相反，一切這些適合（卽草適合於牛馬，牛馬適合於人等）皆被使基於一個條件上，而這一條件須被遠移到一永遠須向後撤的視界。此一條件是一不被制約的條件，卽它是那"作爲一終極目的"的一個事物之存在，而這一事物，卽如其爲終極目的而觀之，它是完全處於"自然目的論的路線上的世界之研究"之外的。但是，這樣一來，這樣一個事物它甚至也不是一"自然目的"，因爲它（或其全類）並不可被視爲是一"自然之產物"。

因此，那只當物質是有機的時，那才必然地須有其作爲一自然目的之概念，蓋因爲這樣，此物質始有一"同時是特殊的而又是一自然之產物"之形式。但，言至此，此自然目的之概念必然地把我們引至"聚合的自然為一「遵循目的之規律」的系統"之理念，而自然之全部機械作用則又須依據理性之原則而被隸屬於這個理念（或至少要想經由理性之原則[1]而考驗現象的自然，那自然之全部機械作用必須被隸屬於這個理念）。理性之原則是這樣一個原則，即"對理性而言，理性有資格去用之為一純然主觀的原則，即為一格準"這樣的一個原則。理性用之為一格準，這格準是說：世界上每一東西皆適合於某物或其他東西；在世界中，沒有東西是徒然的；我們因着"自然在其有機的產物中所供給於我們"的事例，我們有理由，不，我們實被鼓勵着，從自然以及自然之法則中除去期望那是合目的的東西外，再無什麼可期望，當萬事萬物被看成是一整體時。

〔譯註(1)〕：

案"經由理性之原則"，德文原文是"um daran", daran 是指前文之"理性"或"理性之原則"言。Meredith 譯為"經由此理念"(by this idea) 非是，Pluhar 譯為"對着此理念"(against this idea) 亦非。蓋若指理念言，則隔的太遠，亦重沓不通故。Bernard 譯為"in it"，此"it"亦當指前文之"理性"言，意卽"在理性中"，若指理念言則照樣不通。蓋"在理性中考驗現象的自然"，始可將自然之全部機械作用隸屬於那個"理念"。若用知性或在知性中來研究自然，則自然只隸屬於範疇，並無所謂隸屬於"理念"也。

顯然，這作為格準的理性之原則不是一個為決定性的判斷力所應用的原則，但只是一個為反省的判斷力所應用的原則；它是一軌約的原則，不是一構造的原則；而我們由此原則所得的那一切不過是那"在自然事物之研究中去指導我們作研究"的一個線索。這一線索引導我們去考慮這些自然事物是在關涉於一早已被給與了的決定根據〔卽自然目的〕中，依照一新的齊一性〔一新的服從法則的秩序或新的法則統馭之秩序〕，而考慮之，而且它亦幫助我們依照另一不同〔於機械原則〕的原則，卽目的因之原則，去擴大自然科學，而這樣去擴大之，却亦並未干擾自然因果性底機械作用之原則。復次，此作爲格準的理性之原則對於這問題，卽："依照此目的因之原則而被評估的任何事物是否是一由設計而成的自然之目的"這一問題，是全然默然無言的：卽是說，對於"草是否爲牛或羊而存在，而牛或羊或其他自然之事物是否爲人而存在"這問題是全然沉默無言的。我們甚至亦照樣依此觀點（卽依目的因之原則）去考慮那不悅於我們的東西，以及那在特殊的關聯中不合目的的東西。這樣，舉例言之，一個人可以說：那在人之衣服中、頭髮中、或床舖裏困擾人的那些小惡蟲（如臭蟲、虱子、跳蚤等），它們經由自然之一聰明的安排（準備），很可激勵人趨向於清潔，這趨向於清潔其自身就是保存健康之一重要辦法。又如那些"使美洲荒野之地成爲如此困擾野人使之十分難耐"的諸蚊蟲以及刺螫人的其他小昆蟲亦很可以是一些刺激物，藉以去驅策這些原始野人去把那些沼澤之地排水放乾，並讓陽光透進那密不透風的密林裏，並且因着如此之作爲以及因着土壤之耕耘，復又去使這些原始野人之居處較爲更合衞生。甚至就人而言，那在其內在的有機組織方面顯似違反於自然者，當依此路而觀之時，它亦對於一目的論的事物秩序供給一使人感興趣的展望，有時甚至供給一有教訓性的展望。離開這樣目的因之原則，而單從一物理觀點而來的純然物理的研究決不能把我們引至那目的論的"事物之秩序"。有些人說："生有條蟲"的人或牛馬等動物，其有之也乃是把牠當作一種補償來修補其生命器官中的某種缺陷。現在,依同一路數,我可以問：作夢是否不可以被看成是適應目的的一種自然之調節呢？（我們的睡眠從未免於夢，雖然我們很少還記得我們所夢的是什麼）。因為當身體底肌肉力量鬆弛時，作夢卽可適合這目的，卽"藉賴着想像力以及此想像力所發的最大活動而內部地刺激生命器官"這目的。(此中所謂"最大活動"，在此狀態中,一般說來，卽是一種"上升至心理生理的激動"的活動)。"作夢之適合「內部地刺激生命器官」之目的"這種情形看起來就是為什麼想像力經常是在人們晚上塡滿肚子上床入睡時才更生動地有表現，其在此時有表現恰正當此種刺激力最為人所需要之時。在此，我可以提示：若無此種內部的刺激力以及那"使我們埋怨我們的作夢"的疲倦不安，則睡眠，甚至在人之健康甚好之狀態中，亦必會等於生命之完全熄滅。（我們常埋怨因為晚上多夢，所以才疲倦不安，實則作夢或許很有治療作用。）

一旦自然之目的論的評估（為有機存有中所實際呈現給我們的自然目的所支持者）已使我們有理由去形成"一廣大的自然目的之系統"之理念時，我們卽可甚至由此觀點來看自然之美，這自然的美乃是"自然"之與"我們的「從事於把握與評估自然之現象」的諸認知機能之自由遊戲表現"之相一致。何以故我們能如此看這樣的自然之美呢？因為我們若能有理由去形成一廣大的自然目的之系統之理念，則我們可以看自然之美為自然之一客觀的合目的性，這所謂“自然”乃是“就其全部而言爲一系統，而吾人亦是其中之一分子”的那自然：自然之美就是這樣意義的自然之一客觀的合目的性。我們可以把自然之美視作自然所給與於我們的一種偏愛或特惠（favour）[1]。自然除把那有用的東西給與於我們外，它還大量地散發美與魅力（嫵媚 charms），而因此之故，我們喜愛自然，這恰如我們因爲自然之無邊廣大而以敬畏態度看自然，並且我們覺得我們自己因着這樣的靜觀默會而亦被使成爲高尚的：——恰如大自然已以其所懷有的確切意圖而豎立起並裝飾好其壯麗的舞台。

〔原註(1)〕：

　康德對所謂“偏愛或特惠”有注云：

　　前在美學判斷部 §58 節中曾有這樣的陳述，卽：我們以偏愛或歡心看自然，因爲我們對於自然之“全然自由（無利害關心）”的形式感有愉悅。我何以如此說？因爲在那純然審美之判斷中，沒有考慮到此等自然之美所爲之存在的那任何目的是什麼，卽沒有考慮到：是否這自然之美是要引起我們心中之快樂呢，抑或這些自然之美是全然無關於我們之有什麼目的呢？但是在一目的論的判斷裏，我們要注意於這種關聯；而因此，我們遂能把這層意思，卽“目的論的判斷被處置得因着展現如許多的美的形式而促進我們的教養”這一層意思，視爲“自然之特惠”。

　本節底大意簡單地說來是如此：一旦我們在自然中已發見了一種能力能去致生這樣的產物，卽這產物只有依照目的因之概念始能爲我們所思議：一旦我們是如此云云時，我們才算是更前進了一步。縱使這些產物（或就其自己而言者，或就其所處之關係不管是如何之合目的而言者）並不必然地要強使我們去超出盲目的有效因之機械作用之外而去尋求這些產物所依以可能的某種其他原則，可是這些產物也仍可正當地被評估為一目的系統之構成部分。因為我們所由以開始的那個理念乃是這樣一個理念，即：當我們考慮其基礎時，它早已引導我們越過感取界，而既越過感取界已，如是，則那超感觸的原則之統一性必須不要被視為只對某一類自然存有而有效，但須被視為對作為一系統的那自然之全體亦同樣有效。

§68
"被視為是自然科學之一固有原則"
的 "目的論之原則"

一門學問之原則可以是內在而固有於此門學問本身之內者，如是這些原則便可被名曰 "內屬的原則"（domestic principles: principia domestica）。要不然，這些原則亦可以基於那 "只能在此門學問之外被擔保" 的概念上，如是這些原則便是一些 "外來的原則"（foreign principles: principia peregrima）。含有外來原則的學問是把這學問底主張或義理基於一些輔助的命題（lemmata）上，那就是說，它依據由另一種學問而來的信託（擔保作證）而得到某種概念或其他概念，以及隨同此概念而得到某種有規則的程序之基礎。

每一門學問依其自己之權利而言，它們都是一系統；而若說在一門學問中，我們依照原則去構造，因而逤即技術地去進行，這並不是足夠的，我們且亦必須把此門學問當作一各別而獨立的大厦看而建築學地來從事於工作。我們必須視之爲一自存的整體，而並不能把它視爲另一大厦底耳房或一部分——雖然以後我們可以造一條"從這一大厦通到另一大厦"[1]的來回通路。

〔譯註(1)〕：

　　案 Meredith 譯爲"從這一部分通到另一部分"，含混不明。茲參考其他兩英譯改。"通路"是指兩大厦間的通路說，不指兩"部分"間的通路說。

　　因此，如果我們想因着"把上帝之概念引介於自然科學之繫絡裏以便使自然之合目的性爲可解明"這辦法來補充自然科學，而又如果旣如此作已，我們又轉而用此合目的性來證明有一上帝存在，如是，則自然科學與神學這兩門學問之一切內在而固具的堅實性皆必被剝奪而無餘。這種從此一邊到另一邊的虛妄無實的來回交叉橫切必使這兩門學問皆陷於不確定之狀態中，因爲這樣一來，它們兩者的界限皆被弄成互相出入而重沓的。

　　"自然之目的"這個詞語其自身卽足以排除這種混擾並足以阻止我們之把自然科學或把那"自然科學所供給之以便目的論地評估此科學之對象"的那機緣或理由拿來與對於上帝之冥想混在一起，因而亦卽是說，阻止我們之把它拿來與一神學的推引混在一起。若依據"不管我們如何說，最後終歸於要從一明智的宇宙之創造者引生出自然中的這些合目的性的形式"這個根據，那上說的"自然之目的"一詞語一定要與自然之安排中的"神的目的"之詞語相混擾，或此自然安排中的"神的目的"之詞語一定要矇混為"更適宜於且更恰當於一信神者"之詞語，則這種混擾或矇混並不可被視為是一無關緊要的無謂瑣事。正相反，我們必須謹嚴而謙虛地把我們自己限於辭語之恰如我們所知者之表示而不要有任何踰越，即是說，我們必須把我們自己限於"自然之目的"這一辭語之所表示而不要有任何踰越。因為在我們達到"自然本身"底原因之問題以前，我們即在自然中以及在自然之產生過程之經過中找到這些合目的的產品之實例，這些合目的的產品是依照已知的經驗法則而被產生於自然中者。自然科學正是必須依照這些經驗法則而評估其對象，因而結果亦就是說，自然科學必須在其自身範圍之內依照〔自然〕目的之規律尋求這種因果性。因此，此自然科學必須不要為了"想把以下那樣一個物事當作一個內屬的原則而引之於其自己之懷抱之內"之目的而越過其界限，所謂以下那樣一個物事乃是這樣一個物事，即：對於此一物事之概念，沒有經驗能夠與之相稱，而且我們亦只有在自然科學說其最後一句話之後（即在自然科學之完整以後），我們始有資格去冒進至此物事：自然科學必須不要為了引出這麼一個物事於自己之懷抱內以為一內屬原則而越過其界限。

那些先驗地可證明的自然質性，因而也就是說，那些"依據普遍原則而無任何來自經驗之助而即可顯示其可能性"的自然質性，它們實可含有一技術性的合目的性。但是由於這些自然質性是絕對地必然的，是故它們不能被記入於自然的目的論裏。自然的目的論形成物理學之一部分，而且它是一"可用於物理學問題之解決"之方法。諸數學的類比與諸幾何的類比，以及還有諸普遍的機械法則，不管其中那表面看來完全不相連繫的諸規律之變化多端之可統一於一簡單的原則，這種統一是如何之奇妙以及如何之值得我們讚美，它們也決不能以此之故卽可算作是物理學中的說明之目的論的根據。它們似乎可以應該在"自然事物一般"之合目的性之普遍理論裏被檢查或被考慮，但是若如此，則此普遍理論乃是一"應被派給另一門學問"的一種理論，卽是說，是一"應被派給形上學"的一種理論。這一種理論必不會形成自然科學底一種內具而固有的原則。然而在有機體所呈現的自然目的之經驗的法則之情形中，去使用目的論的評判以爲關於特類對象方面的自然科學之一原則，這却不僅是可允許的，且甚至亦是不可避免的。

物理學要想嚴格地保持於其自己之範圍內，它可以完全不理"自然目的是否是有意設計成的目的抑或是無意設計成的目的"之問題。要想去討論這個問題，這必干預了自己範圍外的事，卽是說，干預了那屬形上學之事者。實則只如下所說便已足夠，卽：茲存有一些對象，這些對象只有依據這樣的自然法則，卽"若不因着採用目的之觀念爲原則以思之，我們便不能有別法以思之"這樣的自然法則，它們始成爲可解明的，而且這些對象，就其內在而固具的形式而論，並只以其內在關係而觀 (1)，亦只有依上說之路數（卽依經由那樣所思的自然法則以解之之路），它們才是內部地(1)可認知的：只這樣說便已足夠。在目的論裏，我們誠然說及自然好像自然之合目的性眞是一"意匠設計"之事。但是要想避免這一切嫌疑，卽"些微擅自假定某種在物理學中全無地位的東西，卽擅自假定一超自然的原因，以與我們的知識之來源相攪混"這一切嫌疑，則我們之涉及"意匠設計"乃實是依這路數而涉及之，卽在這涉及之口氣中，我們是把這意匠設計歸之於自然，卽是說，歸之於物質。但是說到歸之於物質，這決不可容有任何誤解，因爲，顯然，無人想把"意匠設計"（依此詞之恰當意義而言）歸之於無生命的物質。因此，我們的眞實意向是想去指示："意匠設計"這個字，如這裏所用的，只指表一"反省判斷力"之原則，而不是指表一"決定判斷力"之原則，因而結果也就是說，我們的眞實意向並不是想去引出任何特別的因果根據，但只想因着"經由另一種研究法之增益來補充依機械法則而成的研究"之辦法去贊助理性之使用，這樣便可以去補充那依機械法則而成的研究之不足，這依機械法則而成的研究甚至當作一經驗研究之方法看亦不足夠，這經驗研究之方法是以自然之一切特殊法則爲其對象的。因此，當目的論被應用於物理學時，我們可完全正確地來說自然之智慧，自然之節省，自然之深慮，以及自然之恩惠。但是這樣說時，我們並未把自然轉成一睿智的存有，因爲若那樣，這必會是荒謬背理的；但我們同樣亦未敢想去把另一存有，一睿智的存有，置放在自然之上以爲自然之建築師，因爲若那樣，這必會是誇奢無度的（專擅狂進的）[2]。正相反，我們之這樣說之之唯一的意向是想在這樣說之中，依據類比於我們自己的理性之技術的使用中之因果性，去標明一種自然的因果性，這樣標明之，是只想把那規律，卽"某些自然產物所依以被研究"的那種規律，記存於心而已。

〔**譯註**(1)〕：

　　"內部地"，依原文 "innerlich"（internally）譯，其他兩英譯皆如此譯。Meredith 譯則不如此，而將此字譯爲 "並只以其內在關係而觀"，置於 "內在而固具的形式" 句之後。

〔**原註**(2)〕：關於 "誇奢無度（專擅狂進）"，康德有注云：

　　德文 "vermessen"（臆測，妄斷：presumptuous 專擅妄斷）是一好字，且極有意義。一個這樣的判斷，卽 "在此判斷中，我們忘記了去了解我們的知性能力之範圍之本幹"，這樣的一個判斷，它有時似甚謙和，然而它有時又擅斷得太多，而且又實是十分專擅妄斷的。有好多設計本實是想對於我們自己的精巧智力之個人的智慧有所榮崇，然而我們又常以這種設計使之居於萬物相生與相保之工作之基礎地位以爲其根據。有好多判斷卽是我們所依之以想經由這種辦法來抬高或頌揚神智的。這些我們所依以抬高神智的判斷就是屬於專擅妄斷這一類型的。

　　然則，爲什麼目的論通常又不形成理論的自然科學之一特別部分，而却當作一種前奏或過渡而被移交給或棄逐於神學呢？如此作乃爲的是想使自然之機械面之研究密切地依順於 這 樣 的 東西，卽 "我們能使之如此其甚地可隸屬於我們的觀察或試驗以至於我們自己亦能像自然那樣產生之，或至少亦能依照那同樣的法則而產生之" 這樣的東西。因爲我們之有完整的洞見是只完整地洞見到我們依照我們的概念所能作者或所能完成者。但是，想藉賴着技藝而去結成一 "相似於有機組織（當作自然之一內在目的看的有機組織）" 的呈現（或產品），這却是無限地遠超過我們的一切力量之外的。至於說到像 " 被認爲是合目的的" 這樣的 " 外在的自然調節或調配"之事（例如風雨等），物理學實只研究其機械的作用，它完全不能去展示其關涉於目的，當這"關涉於目的"意在成為一個 "必然地附屬於一〔有目的的〕原因" 的條件時。因為此種〔有目的的因果〕連繫中的必然性並不接觸到事物本身之構造（本性），但只完全跟我們的概念之結合而轉。

第　二　分
目的論的判斷力之辯證

§69
判斷力底背反之本性
（什麼是判斷力底一種背反？）

　　決定性的判斷力並不具有任何"對象之概念所基依"的原則以爲自己之各別的特性。〔另譯：決定性的判斷力並無其自己之原則以形成對象之概念之基礎。〕決定性的判斷力並不是一種自律（一種自我立法的判斷力）；因爲它只是在作爲原則的特定法則或概念之下作歸屬活動（即將特殊者歸屬於普遍者之下之歸屬活動）。恰正因爲這個原故，它並不暴露於由內在而固有的背反而來的任何危險中，而且它亦並不冒其原則之衝突之危險。這樣說來，那"被表明要含有範疇下的歸屬之條件"的超越判斷力並不是獨立地立法的（nomothetic）。這超越的判斷力，它但只標列出感觸直覺之條件，在此條件下，一"作爲一知性之法則"的特定概念可被供給以"實在性"，即是說，可被供給以"應用"。（案意即作爲知性之法則的那些特定概念即範疇依據感觸直覺之條件始能有其實在性，即是說，始能有其應用。）在履行此職務時，超越的的判斷力決不會落於內部不一致之狀態中，至少在原則之事中，它決不會自身不一致。

但是反省的判斷力却必須在一尚未被給與的法則之下作歸屬活動。因此，反省的判斷力，事實上，它只具有"對於對象作反省"這種反省上之原則，對於此所反省之對象，客觀地說，我們是完全缺乏一法則或缺乏一對象之概念的，這所缺乏的法則或對象之概念乃即是那"足以充作一原則以覆及那來到我們面前的一切特殊事例"者。現在，由於認知機能而若離開原則，便沒有其可允許的任何使用，是故反省判斷力在其所反省之對象方面缺乏法則或缺乏對象之概念以爲原則之情形中，它必須是其自身對於其自己即是一原則。由於此種原則並不是客觀的,「且亦並不能去引出任何"對象底認知之基礎"爲足夠於"所需要的歸屬活動之企圖或計畫"者」[1]，是故它必須只用來充作我們的諸認知機能之"合目的的使用"之一純然主觀的原則，即是說，充作對於一特種對象作反省這反身上之純然主觀的原則。因此，反省判斷力有其可應用於此種情形（即對於特種對象作反省之情形）之格準，這些格準乃即是那事實上"對於想去得到一被發見於經驗中的自然法則"爲必要的那些格準，而且亦就是那事實上"被引導去幫助我們去達到概念甚至是理性之概念"的那些格準（只要當這些概念是絕對需要的，需要之以便只想去依自然之經驗法則而得知自然時）。即在反省判斷力底這些必要的格準之間，一種衝突可以發生，因而結果亦就是說，一種背反可以發生。此種衝突或背反之發生即供給"一種辯證"之基礎；而如果這些相互衝突的格準中之每一格準在我們的諸認知機能之本性中有其基礎，則此種辯證便可以被名曰"一天然的辯證"（a natural dialectic），

而且此種辯證亦構成一不可免的假象，而爲怕這種假象欺騙我們
而去揭露之並去解答之，這乃是批判哲學之義務。

〔譯註(1)〕：

案此句，第一英譯譯爲：「且亦不能供給對象底認知之根據以爲
足够於"企圖"或"計畫"者」。此如文直譯，什麼"企圖"或"計
畫"不明。此第二英譯加字爲"所需要的歸屬活動之企圖或計畫"。
而第三英譯則如此譯：「且亦不能爲"認知對象"供給一客觀地足够
的基礎」。此則造句與前兩譯異，把那"企圖"或"計畫"(die Absicht,
purpose or design) 字化掉了。

§70
此種背反之詮表

在處理那作爲外部感取對象之"全部或綜集"的自然中，理
性是能够去信賴法則的，這些所信賴的法則，其中有些是爲知性
自身所先驗地規劃給自然者(案此即範疇所代表者)，還有其他一
些則是藉賴着出現於經驗中的經驗決定而能够有無限定的伸展蔓
延的（案此即諸特殊的經驗法則）。對知性所先驗地規定的法則
之應用而言，即是說，對物質自然一般底普遍法則之應用而言，
判斷力是並不需要反省上之任何特殊的原則的；因爲在那種普遍
法則之應用處，判斷力是決定性的判斷力；其所以是決定性的，
蓋由於有一客觀原則是因着知性而被供給於它者。但是在關於特
殊的法則中（對於這些特殊的法則，我們惟有通過經驗始能熟知
之），有如此繁多的差異性與異質性存在，如是遂致判斷力必須

其自身對其自己卽是一原則，甚至單只爲這目的，卽「在自然之現象中想去追求一法則或想去找出一法則」之目的，判斷力亦必須其自身對其自己卽是一原則。判斷力實需要有這樣一個原則以爲一指導線索，如果判斷力還想去希望有一套"基於一通貫的自然之齊一性上"的一致的經驗知識時，卽是說，還想去希望有依照自然之經驗法則而來的自然之統一時。現在，由特殊法則底此種偶然的統一之事實而觀，很可以有這種情形出現，卽：判斷力在其反省中是依據兩種格準而動作的，一種格準是判斷力從純然的知性而先驗地得到者，另一種格準則是爲特殊的經驗所提示，這特殊的經驗使理性有所表現，表現而爲依照一特殊的原則，對於"有形體的自然"以及此自然之法則去形成或去設立一種評估。這樣一來，那所出現的情形是如此，卽：此兩種不同的格準似乎顯然不能夠在同一職務中行事 (to run in the same harness：不能一起存在着 unable of existing together)，因而遂有辯證現象發生，這辯證現象在判斷力底反省之原則上把判斷力投入於混亂中。

這樣的反省之第一格準是正題：一切"物質事物以及此物質事物之形式"之產生必須只依機械法則才可被評估爲是可能的。

第二格準是反題：物質自然底某些產物不能夠只依機械的法則才可被評估爲是可能的。（卽是說，就評估這些產物而言，一完全另樣不同的因果性之法則是需要的，卽目的因之法則是需要的。）

現在，如果這兩個"研究方面的軌約原則」被轉成對象本身底可能性之構造原則，則它們便可這樣被寫出：

正題：一切物質事物底產生是只依據機械法則而爲可能。

反題：有些物質事物底產生不是只依據機械法則而爲可能。

在此後一寫法中，當作決定性的判斷力之客觀原則看，它們兩者必會互相矛盾，這樣，其中之一必會必然地是假的。但是，若如此，則這必確然是一種背反，雖然不是判斷力底一種背反，而實是“理性底立法”中的一種衝突。但是理性是不能夠去證明此兩原則中之此一原則或彼一原則的，蓋由於它見到我們不能依據純然經驗的自然法則而可以有“事物底可能性之先驗的決定原則”的。

另一方面，若如開始所陳述那樣，注意到一反省判斷力之格準，則我們可以見到：它們兩者事實上並不含有任何矛盾。因爲如果我說：我必須依據純然的機械法則而評估物質自然中一切事件之可能性，因而也就是說，也必須如此而評估那被視作自然之產物的一切形式之可能性：如果我這樣說時，我並不因而就肯定說：這些事件以及這些形式只有依據此路而爲可能，即是說，必至於排除每一其他種因果性然後才可能。正相反，我那說法只意在去指明：我應當在一切時依照自然之單純的機械作用之原則去反省這些事物，因而結果也就是說，以那原則盡我之所能去推動我的研究，因爲我若不使那原則成爲研究之基礎，這便不能有眞正的“自然之知識”之可言。現在，此義並不阻礙第二條格準，當一適當的機緣爲此第二格準之使用而呈現其自己時，那就是說，在某種自然形式之情形中（以及在此等自然形式之例證上，全部自然之情形中），當我們反省此等自然形式時，我們可以遵循另一原則之途徑，此另一原則之途徑乃是從根上不同於經由自然之機械作用而成之說明者，卽是說，我們可以遵循目的因原則之途徑。因爲在遵循目的因原則之路數中，那依照第一格準而來的反省並未被廢除。不但未被廢除，正相反，我們且是被引導盡我們之所能繼續去從事那種反省（那種依第一格準而來的反省）。又，那種反省實亦並不曾肯斷說：那些某種自然形式，實不曾是依據自然之機械作用而可能的。它只是肯斷說：人類理性，由於其固執自然之機械作用之格準之故，並由於其依據這些機械路線而進行之故，它決不能爲那「構成一自然目的之特殊性格」的東西去發見一點點基礎，不管它依機械之路對於其所有的自然法則之知識所作的增益有若何之多。此義使以下之問題爲一有待討論而爲未被決定的問題，卽："在自然本身之未知的內部基礎中，那現存於同一物中的物理機械的連繫與合目的的連繫這兩者是否不可以在一簡單原則中互相結合起來或貫通起來"這一問題是一有待討論而爲未被決定的問題。那只由於我們的理性無法把它們兩者統一於這樣一個簡單的原則中，是故我們的判斷力仍然只是反省的，而不是決定的，那就是說，它是依據一主觀的根據而有所表現，而並不是依照事物之在其內在而固有的本性中之可能性之一客觀原則而有所表現，因而它遂被迫着去思議一完全不同於"自然之機械作用之原則"的原則以爲自然中某種形式底可能性之根據。

§71

上說的背反之解答之前言

我們完全不能夠證明：有機的自然產物不可能經由單純的機械作用而被產生。因為我們不能看到特殊的自然法則之無限的繁多性之最初的內部根據（特殊的自然法則由於只是經驗地被知，是故對我們人類而言，它仍全是偶然的），因而我們也絕對不可能去達到自然之可能性之一內在而又一切充足的原則，卽一個處於超感觸性的領域中的原則。可是，自然之產生的能力豈不可以對那些“我們評估之為依照目的之觀念而被形成或被連繫起來”的東西為足夠，一如其對那些“我們信其為在自然方面只要求機械作用”的東西為足夠？豈不可以如此乎？或不然，它可以是這樣的嗎？卽：事實上，事物本身就是眞正的自然的目的（如我們所必須必然地評估之為如此者），而如其為眞正的自然的目的，它們又基於一完全不同的根源的因果性上，這另一完全不同的根源的因果性不能是物質的自然之事，亦不能是此物質的自然之智思的基體（intelligible substrate）之事，卽是說，這另一完全不同的根源的因果性實是一建築師式的知性之因果性：難道那自然之產生的能力竟可以是這樣的嗎？以上所說的疑問是在表明：茲有些問題，我們的理性對之是絕對不能有任何消息的，蓋我們的理性在關於因果性之概念中是被限制得太狹了的，如若這因果性之概念須是先驗地被說明時。但是，“關聯於我們的諸認知機能而言，自然之純然的機械作用也不能對於有機體之產生供給出任何說明”，這也正是一不可爭辯地確實的事。因此，對反省判斷力而言，以下所說實是一完全健全的原則，不管這原則對決定性的判斷力而言是如何之一輕率而不可證明的原則。這原則是如此，卽：對那依照目的因而成的清楚顯明的“事物之連繫”而言，我們必須思考一種因果性完全不同於機械作用，卽是說，思考一依照目的而活動着的"世界原因"，卽思考一"睿智因"(an intelligent cause)。在對反省判斷力而言之情形中，此原則實只是一純然判斷力之格準。它所含有的因果性之概念只是這麼一個理念，卽對此理念，我們決無法承擔去許與一實在性，但只把它用來去指導一種反省，而這反省仍然容許任何有效的機械的說明，而亦決未脫離感取之世界。〔可是〕在對決定性的判斷力而言之情形中，那原則必應是一客觀的原則。理性必會規劃此一客觀原則，而判斷力亦必須隸屬於此客觀原則，因而亦必會因此而決定其自己。但是在這種情形中，「反省」必會從感取之世界逸出而漂蕩於超絕區域中，而很可能錯誤地被引導而誤入於歧途。〔案語中之「反省」原文是 Sie, Meredith 明標爲"反省"，恐非。其他兩英譯則指"判斷力"言，是也。〕

因此，嚴格地物理的或機械的說明模式與目的論的，技藝式的說明模式，這兩種說明模式底格準間的一切背反之樣相（實卽假象）皆基於我們之把反省判斷力之原則與決定判斷力之原則之相混擾。那反省判斷力底原則是對我們的理性之在關於特殊的經驗法則中之使用而言爲只是主觀地有效的，而那決定判斷力底原則却須符合於知性所給與的法則，此所給與的法則或是普遍性的，或是特殊性的。此兩種判斷力之原則是不同的。這裏所說的一切背反之假象，除基於上說兩種判斷力底原則之相混擾外，亦基於上說那樣的"反省判斷力底原則"之自律性[1]被誤認爲上說那樣的"決定判斷力底原則"之他律性[1]。

〔譯註⑴〕：

案語中所謂"反省判斷力底原則"之自律性，此自律性（auto-nomy）不簡單地只是自律性，依導言第Ⅴ段而言，當該是"heau-tonomy"，意卽"自律之爲己而律"。此字很少見，只見於導言Ⅴ段論反省判斷處。康德所雅言之自律（ autonomy ）是自律之"爲他而律"，如知性爲自然立法，自由意志爲行爲立法，卽是此種"自律"，此與"自律之爲己而律"之單成反省判斷，不成決定判斷者不同。

〔譯註⑵〕：

案"決定判斷力底原則"之他律性，于此說他律性，當該記住 §69之首二句文：「決定性的判斷力並不具有任何"對象之概念所基依"的原則以爲其自己之各別的特性。決定性的判斷力並不是一種自律；因爲它只是在作爲原則的特定法則或概念之下作歸屬活動（卽將特殊者歸屬於普遍者之下之歸屬活動）。」特定法則或概念卽此處所說知性所給的普遍法則（範疇）或特殊法則（知性通過經驗所給與於我們者，這不是知性所先驗地自立者）。純粹知性就範疇言是立法的，故有自律性；但判斷力之判斷作用，在決定判斷力處，它只作歸屬活動以成決定判斷，其自身並不能自立原則，其原則皆由知性而來，故"決定性的判斷力並不是一種自律"，而此處亦說"決定判斷力底原則之他律性"。惟"反省判斷力底原則"才是反省判斷力自身所自律的，且是"自律之爲己而律"，並不是"自律之爲他而律"。

§72
處理自然之合目的性的種種系統

沒有人曾懷疑以下之原則之正確性，卽：當我們判斷自然中的某些事物，卽有機物及有機物之可能性這類事物時，我們必須注意於"目的因"之概念。這樣一個原則是明顯地必要的，縱使我們所需要的不過只是一個指導線索，需要之以便藉賴着觀察而習知於這些有機體之事物之性格，而用不着把一種研究掘深至這些有機體之事物之第一根源。因此，問題只能是：這個原則是否只是主觀地有效的，卽只是判斷力底一個格準，抑或是自然之一客觀原則。依據其是自然之一客觀原則而言，這必會在自然之機械作用以及此機械作用之力學法則以外，還有其他一型的因果性，卽目的因底因果性，屬於自然，至於那些自然原因（卽那些動力學的力量）則只作爲一些「居間的原因」而屈居於那些目的因底因果性之下。

現在，此一思辨問題是很可以沒有任何解答或解決的。因爲，如果我們在純然的自然知識底範圍之內以思辨來滿足我們自己，則上說的諸格準（卽機械作用之格準以及目的因之格準）對人力所能及的自然之研究而言，是很綽綽有餘的，而且對探測自然之最深的秘密而言，它們亦仍是綽綽有餘的。既如此，〔何以還有那似乎無解答的思辨問題，卽"有需於目的因之概念"這一原則究是判斷力之一格準（主觀原則）抑或是自然之一客觀原則，這一思辨問題呢？其所以然之故，〕那必是「理性」覺醒了某種疑慮，或必是如普通所說，"自然"給了我們一點暗示。如是，我們遂被迫着去想：我們豈不可以以此目的因概念之助，能夠去走出自然以外，而且在此諸目的因底系列之中去把自然連繫到最高點上去：豈不可以如此嗎？我們爲什麼不可以放棄或廢除自然之研究（雖未曾將此研究進至甚遠），或至少，爲什麼不可以暫

時把此自然之研究放在一邊，而先想去發見：自然科學中的那個
異鄉客，卽自然目的之概念，將會把我們引至何處去：我們爲什
麼不可以這樣呢？

　現在，在此點上，上面所提到的那個不可爭辯的格準確然必
會被轉成（übergehen：turned）一個"爲爭辯而展開一廣濶場所"
之問題。因爲人們儘可以主張說：自然的合目的性之連繫卽證明
自然方面一特種因果性之存在。或不然，人們亦可以爭辯說：此
種連繫，依其眞正的本性並依據客觀原則而論，正相反，實不是
一特種的因果性，而實是同一於自然之機械作用，或與自然之機
械作用基於同一根據上，雖然在好多自然產物之情形中，此根據
時常被埋藏得太深，遂致我們的研究很難發見它。因此，如此所
爭辯者，我們要想依據一類比，把自然的合目的性之連繫引介出
來以爲自然之基礎，我們就要求助於或依靠於一主觀的原則，卽
依靠於藝術（技藝），或依靠於依理念而成的因果性──這是一種
方便，這種方便事實上證明在好多情形中是成功的，而在某些情形
中又確然看起來似乎是失敗了的，但却並沒有一種情形能使我們
有理由去把一種完全不同於"那依照自然之純然的機械法則而成
的因果性"的運作模式引介於自然科學中。現在，由於我們在自
然之產物中所見到的一目的之暗示，我們遂想給與自然之程序或
自然之因果運作以技巧之名；可是在給與之以技巧之名時，我
們提議去把這技巧分成"有意設計的技巧"（technica inten-
tionalis)與"無意設計的技巧」(technica naturalis)。有意設計的
技巧是想傳達這意思，卽：自然之"經由目的因而有產生作用"這
種有產生作用之能力必須被認爲是一特種因果性；而無意設計的

技巧則想傳達這意思，卽：自然之此種有產生作用之能力在根底上是同一於自然之機械作用的，而"其與我們的人工技巧之概念以及此等概念之規律之偶然的相一致"這種一致只是我們之"評估自然之此種產生之能力"這種評估之一主觀的條件，然而它却錯誤地被解釋成自然產生之一特種模式。

說及那些"依目的因之觀點而對於自然提供一種說明"的種種系統時，一個人不能不覺察到：一切這些系統，無一例外，皆是獨斷地互相爭辯的。換言之，它們皆是關於事物本身底可能性之客觀原則有所爭辯，不管這可能性是一個"由於有意地活動着的原因而然"的可能性，抑或是一個"由於只是無意地活動着的原因而然"的可能性。它們並不是對於"只評判所說合目的產物之原因"這種評判之主觀的格準加以攻擊或辯難。在此種評判之主觀格準之情形中，異類的原則很可以相和解而並不衝突，但在事物本身底可能性之客觀原則之情形中，那矛盾地相對反的原則是互相宣告作廢的，而且它們是互相不一致的。

關於"自然之技巧"的諸系統，卽是說，關於"自然之依目的之規律而有產生作用這有產生作用之力量"的諸系統，是有兩種的：一是"自然目的底觀念論"之系統，一是"自然目的底實在論"之系統。自然目的底觀念論之系統主張自然方面的一切合目的性皆是非意匠設計的 (undesigned)；而自然目的底實在論之系統則主張某種合目的性，卽有機存有中的合目的性，是意匠設計的 (designed)。由實在論之說法，有一假然的後果可以被推斷出來，此卽：自然之技巧，卽在那"有關於自然之一切其他產物——其他「涉及全部自然」的產物"者中，亦同樣是有意設計成的，即是說，亦同樣是一個目的。

1."合目的性"之觀念論（所謂"合目的性"，在這裏，我一直是理解爲"客觀的合目的性"，意即這客觀的合目的性之觀念論），它或是自然產物之合目的性的形式中的自然決定之偶然性（accidentality）之觀念論，或是這種自然決定之定命性（fatality）之觀念論。自然決定之偶然性這一原則注目於物質之關聯於其形式之物理基礎，即注目於物質之關聯於力學法則；而自然決定之定命性這一原則則注目於物質之關聯於"物質自己與全部自然"之超物理的基礎（hyperphysical basis）。那被歸於伊壁鳩魯或第孟克里圖士的那偶然性之系統，依其文義的解釋而言，即是如此之顯明地背理的，所以這不需我們再有多說。另一方面，定命性之系統（斯頻諾薩被認爲是此系統之創始人），雖然就一切表面而言，它是甚爲古老的，然而它却基於某種超感觸的東西上，因而對於此超感觸的東西，我們的洞見是不能去滲透之的。這一定命性之系統並不是很容易去反駁的，蓋由於其根源的存有之概念是完全不可理解的。但是以下這一點却是甚爲清楚的，即：依此系統而言，世界中的合目的性的連繫必須被看成是"非意匠設計的"（undesigned）。因爲，雖然這合目的性的連繫是由一根源的存有而引生，然而它却並不由此根源的存有之睿智而引生，因而結果也就是說，它不是由此根源的存有方面的任何意匠設計而引生，但只由此根源的存有底本性之必然性以及那由此根源存有底本性而流出的"世界統一"（world-unity）底本性之必然性而引生。因此，那也是很清楚的，即：合目的性之定命論同時也即是一"合目的性之觀念論"。〔案此所謂觀念論即"合目的性"

是有名無實之意，"合目的性"只是一空觀念，並無眞實義。〕

2.自然底合目的性之實在論也同樣或是物理的（自然的）或是超物理的（超自然的）。物理的（自然的）實在論是把自然目的基於一有意設計地活動着的機能之類比上，即是說，基於物質底生命上——此生命或是內在而固具於此物質中者，或是經由一內部的有生氣的原則或"世界靈魂"而賦與於此物質者。此種物理的（自然的）實在論名曰"活物論"（hylozoism）。超物理的（超自然的）實在論則是由"宇宙底根源的源泉"而引生出自然的目的。此根源的源泉，超自然的實在論視之爲一睿智的存有，此睿智的存有以意匠設計而從事產生活動，或說祂本質上而且根本上即是一有生命的活的存有。此種超自然的實在論便即是"一神論"（theism 智神論）(1)。

〔原註(1)〕：

由此，我們可以看出：就如在大部純粹理性底思辨之事中一樣，諸派哲學如何依"獨斷的肯斷"之路數，時常對於擺在其面前的問題試探每一可能的解答。這樣，在"自然之合目的性"之情形中，有時嘗試以無生命的物質（案即偶然論）來解答，或又以無生命的上帝（案即定命論）來解答，又有時則又嘗試以有生命的活物質（活物論）來解答，或不然，則又以有生命的活上帝（一神論或智神論，此對理神論 deism 而言）來解答。如是，所留給我們的事，如果這事是必要的，則除以下之工作外，再沒有什麼其他工作了，即：只須去廢棄那一切客觀的肯斷，並

須去依 "我們的判斷之關聯於我們的諸認知機能" 而批判地衡量我們的判斷：只須如此爲之便可，再無其他事可作。經由如此之爲之，我們就可以爲那合目的性⁽¹⁾之原則獲得一妥效性，此妥效性，如果不是獨斷的，它猶可是一格準之妥效性，而且它在我們的理性之可靠的使用上亦是足夠的。〔案康德此注是對兩種觀念論與兩種實在論之總注。〕

〔**譯註**(1)〕：

案此依第三英譯譯。康德原文是 "ihrem"，Meredith 譯此爲 "their"（它們的），當指那些客觀肯斷之肯斷言，第一英譯亦如此。惟第三英譯則明譯爲 "那合目的性"。此較通，故從之。

§73
上說諸系統，沒有一個系統能作其所聲言要作者

上說諸系統底目的是什麼呢？其目的是想去說明我們的關於自然之目的論的判斷。在作如此之說明時，那些系統採用了兩條路之此一路或彼一路。走第一路的一些系統，它們否決了諸目的論的判斷之眞理性，因而結果也就是說，它們描述諸目的論的判斷爲 "自然之觀念論"（把自然表象爲一種技巧）。走另一路的其他系統則承認諸目的論的判斷之眞理性，並許諾去證明一種依照「目的因」之理念而成的自然之可能性。

1.那些爲自然中的 "目的因之觀念論" 而辯護的諸系統分成兩類。一類確然是把一種依照力學法則的因果性給與於這些目的因之原則(自然事物由於那種因果性而得其合目的性的存在)。但是這一類系統它否決了那種因果性有"意向性"(intentionality),即是說,它否決 "此因果性是意匠設計地被決定至此,即被決定至其合目的性的產生",或換言之,它否決 "一個目的可以是原因"。此種說明即是伊璧鳩魯所採用的一種說明。它完全否決了而且廢除了 "自然之技巧" 與 "自然之純然的機械作用" 間之區別。盲目的機遇被承認爲是一種說明,其爲一說明不只是"那生出的產物之與我們的「目的之概念」相契合" 這種契合之說明,因而結果也就是說,不只是自然底技巧之說明,且甚至是 "依力學法則而產生或展開" 這種產生或展開底原因之決定之說明,因而結果也就是說,是這種產生或展開底機械作用之說明。因此,沒有什麼東西是被說明了的,甚至我們的目的論的判斷中的假象(虛幻象)也未被說明;既什麼也未被說明,如是遂致我們的目的論的判斷中的所謂 "觀念論" 也全然成爲 "無實義的"(unsubstantiated 不能確立的)。〔案意即無所謂觀念論,乃只是機械的、盲目的自然主義而已,爲有所謂"目的因"之義耶?"目的"之名已被解消了,故也無所謂 "目的因之觀念論" 矣。〕

斯頻諾薩,作爲兩類觀念論中其他一類觀念論之系統之代表,他想使我們免於去探究 "自然目的" 底可能性之根據,而且他亦想使我們去剝奪 "自然目的" 這個觀念之一切實在性。他如何能如此想呢?他是因着 "根本不允許我們去把諸自然目的視爲一產物" 這辦法而如此想。他以爲那些自然目的毋寧只是「附着於一根源存有中"的本有的偶然物而已。他說此根源存有是一切自然事物之基體（substrate），而旣如此，就這些自然事物而言，他並不要把一種因果性歸給那作爲自然事物之基體的根源存有，但只把一種"自存性"（subsistence）歸給它而已。如是，感謝此根源存有之無條件的必然性，並亦感謝那"作爲此根源存有之本有的偶然物 (inherent accidents)"的一切自然事物之無條件的必然性，由於此兩者之無條件的必然性，斯頻諾薩實確保了這些自然形式有那"對一切合目的性爲必要"的那根據之統一，但是他雖確保了自然形式之有其根據底統一，然而他之至此却亦損失了自然形式之偶然性。可是若無此偶然性，沒有"目的之統一"是可思議的。在取消此目的之統一中，他亦取消了一切意匠設計之痕迹，如是，他逐使"自然事物底根源的根據"喪失了一切睿智性（intelligence）。

但是斯頻諾薩主義，並未完成其所想完成者。它想對於它所不反對的"自然事物之合目的性的連繫"供給一種說明，而且簡單地說來，它只使我們涉及那"一切自然事物所原具於其中"的那主詞（卽根源的存有）之"統一性"。但是卽使我們承認世界上的諸存有（卽諸自然事物）之此種存在模式（卽"本具於一根源存有"之存在模式），這樣的"存有論的統一"也並不能卽時是"目的之統一"，而且它亦決無法使此"目的之統一"爲可理解。"目的之統一"事實上完全是一特種的統一。它並不能從"一個主詞中的事物之連繫"而推出，或從"一個根源存有中的世界上的萬有之連繫"而推出。正相反，它倒顯然函蘊着對於一個具有睿智的原因之關涉。縱使一切事物眞被統一於一個單純的主詞中

（一個作爲根源存有的單純本體中）， 這樣的統一也必不會顯示一合目的性的關係，除非這些事物首先第一， 須被理解成是作爲一原因的"本體"之內在的結果，其次第二， 須被理解成是經由本體之睿智而爲此作爲原因的"本體"之結果。若無此兩個形式的條件， 一切統一皆只是"自然之必然性"，而當此統一也同樣被歸給我們所表象爲互相外在的事物時，它便只是"盲目的必然性"。 但是，如果經院學家所名曰"事物之超越的圓滿"者須被名曰一"自然的合目的性"，則我們所得的只是幼稚的文字遊戲，而不是概念（義理）。（所謂"事物之超越的圓滿"是依關涉於事物自己之恰當的本質而言的圓滿，依照這樣一種圓滿而言，一切事物於其自身中原有其"是此物而不是任何其他物"所需的一切要件：如果事物之這樣意義的"超越的圓滿"被名曰"自然的合目的性"，則這只是幼稚的文字遊戲，而不是概念義理。）因爲如果一切事物皆必須被思爲是目的，則"成爲一物"與"成爲一目的"便即是同一的，這樣，歸根結底，便無什麼東西足以特別值得被表象爲是一"目的"者。

此義使這甚爲顯然，即：經由把我們之"自然的合目的性"之概念化解成"我們自己之原具於或附存於一無所不擁的存有（雖同時亦即是一單純的存有）"之意識，並經由在那無所不擁而同時又是單純的存有之統一性中去尋求合目的性之形式，斯頻諾薩必是想去主張"合目的性之觀念論"， 而並不是想去主張"合目的性之實在論"。可是甚至這合目的性之觀念論，他亦不能去完成，因爲純然的基體底統一之表象決不能產生合目的性之觀念，即使這合目的性是一"非意匠設計"的合目的性。

2.那些"不只主張自然目的之實在論，且亦甚至想去解明之"的人，他們想他們能夠檢查出一特種因果性，即有意地運作着的原因之因果性。或至少他們想他們能夠去覺知這樣的因果性之可能性，因為倘若他們不曾覺知之，他們便不能開始着手試想去解明之。因為甚至最勇敢大膽的假設也至少必須依靠於"此假設之假定性的基礎之可能性之爲確實的"，而此假定性的基礎之概念也必須能夠足以保證此假定性的基礎之客觀實在性。

但一有生命的活的物質之可能性是完全不可思議的。此概念自身即含有自相矛盾，蓋因無生命性、墮性，構成物質之本質的特徵。如是，如果賦有生命的一種物質之可能性，以及那被"看成是一個動物"的"一堆聚集的自然"之可能性，被用來支持大宇宙中的自然之合目的性之假設，則那種云云之可能性亦只能在其經驗地顯現於小宇宙中的自然之有機組織中之限度內，極保留地被使用。此賦有生命的物質之可能性以及當作一動物看的一聚自然之可能性是決不能先驗地被覺知的。因此，如果有機存有中的自然之合目的性是想從"物質之生命"中被引生出，而又如果此"物質之生命"轉而又只能在有機存有中被認知，則這在說明中必存有一種可厭的循環，這樣，便沒有"物質之生命"底可能性之概念能夠離開有機的存有之經驗而被形成。因此，活物論（Hylozoism）並不能履行其所許諾者。

最後，智神論（Theism）同樣不能獨斷地實化"自然目的之可能性"，以此可能性作爲"建立目的論"的一個祕訣（key）。但是智神論之說明自然目的之來源却有勝過其他一切說法之好處，即：它因着把一種睿智歸屬給根源的存有，它可採取"從觀念論

裡營救出自然之合目的性”之營救之最好模式，而且它亦爲自然
之合目的性之產生引介出一種 “有意向性的因果性”（an inten-
tional causality: eine absichtliche Kausalität）。

因爲智神論必會首先在其證明 “物質中的目的之統一不可能
是自然之純機械作用之結果” 這一點上證明得很成功，卽證明到
對決定性的判斷力而言甚爲足夠或甚爲滿意。如若不然，它無資
格去把此 “目的之統一” 之根據確定地放在 “自然以外” 與 “自
然之上”。但是我們所能得到的至多也不過是只此而已， 卽：
甚至卽此機械作用之首要而內部的根據由於是越出我們的視界之
外，非我們的諸認知機能所能見到，是故我們的諸認知機能之構
造（本性）與範圍（限制）須是這樣的，卽如它們無論如何，決
不會讓我們以這想法，卽 “想在物質中去找出一決定性的合目的
的關係之原則” 之想法，來看物質。正相反，我們所有以 “評估
自然之產物爲自然目的” 之方式，除訴諸一最高的睿智體以爲世
界之原因外， 我們再沒有其他可能的方式。 但是 “訴諸一最高
睿智體以爲世界之原因” 這一方式並不是決定性的判斷力之一根
據，但只是反省的判斷力之一根據，而且它亦絕對不可能使我們
有權去作任何客觀的肯斷。

§74
“斷定地或斷然地處理自然技巧之概念”之不可能性
源自 “自然目的之不可解性”

如果我們視一概念爲含攝在另一對象之概念之下（此另一對
象之概念形成一理性之原則）， 而且我們又依照此另一對象之概

念而決定此一概念，如是，則縱使此一概念須被置於一經驗條件之下而受其制約，我們也是斷定地或斷然地處理此一概念。但是，如果我們只視一概念為在關聯於我們的諸認知機能中而視之，因而結果也就是說，為在關聯於"思之"之主觀條件中而視之，而關於此概念之對象〔本身〕卻並沒有想去決定什麼事，如是，則我們便只是批判地處理此概念。因此，一概念之斷然性的處理就是那"對決定性的判斷力而言為有權威性的（為合法的gesetzmässig）"那處理，而一概念之批判的處理則是那"對反省的判斷力而言為有權威性的（為合法的）"那處理。

現在，當作一自然目的看的那一物其概念就是這麼一個概念，即：此概念它把自然歸屬在一種"只經由理性之助始為可思"的那一種因果性之下，而它之如此去作歸屬亦是只為"可以讓我們依據此種因果性之原則去評判那對象之所給與於經驗中者"之目的而作之：當作一自然目的看的一物其概念即是如此云云的一個概念。但是如果要想為決定性的判斷力而斷定地或斷然地去使用如此云云的一個概念，則我們必須首先要確保此概念之客觀實在性，因為若非然者，我們決不能去把任何自然事物歸屬在此概念之下。但是，當作一自然目的看的一物其概念確然是一個"經驗地受制約"的概念，即是說，是一個"只在給與於經驗中的某些條件之下才可能"的概念。它不是一個"抽離這些條件"的概念。正相反，它是只有〔在這些條件之下〕，依據"評估對象"中的理性之原則，才是可能的。由於此概念正是這樣一個原則（即評估對象中的理性之原則），是故我們並沒有任何洞見可以見到此概念之客觀實在性，即是說，我們不能覺知到：有一個回應此概

念的對象是可能的。我們不能斷定地或斷然地確立此概念；而我
們亦並不知道：此概念是否是 "一純然邏輯的虛構並是一客觀地
空洞的概念"(conceptus ratiocinans)，抑或是"一理性之概念,
卽是一「可供給一知識之基礎並可因着理性而被實化」的概念"
（conceptus ratiocinatns）。因此，此概念並不能在決定性的判
斷力方面斷定地或斷然地被處理。換言之，不只是去裁決 "那些
被視爲自然目的的自然之事物是否爲其產生需要有一完全特種的
因果性，卽需要有一有意向性的因果性"這問題，是不可能的,
且甚至去問這一問題亦是完全失序的──不應被問的。因爲一自
然目的之概念在關於其客觀實在性中是全然不能經由理性而爲可
證明的，此卽意謂：此一概念不是對決定性的判斷力而言的一個
構造性的概念，但只是對反省判斷力而言的一個軌約性的概念。

　　"自然目的之概念〔之客觀實在性〕不是可證明的"這一點由
以下之考慮觀之是很清楚的。自然目的之概念，由於其是一自然
產物之概念，是故它含有"自然之必然性"(Naturnowendigkeit)。
可是它同時在關涉於純然的諸〔特殊的〕自然之法則中，也包含
有一相伴的對象之形式中的偶然性於那被視爲是一目的的同一自
然產物之事物中。因此，如果它要想避免自相矛盾，則它在含有
自然中的事物底可能性之基礎以外，必須進而亦含有此自然本身
底可能性之基礎，並亦含有 "此自然本身之涉及某種東西不是一
經驗地可認知的自然物，卽涉及某種超感觸的東西，因而亦卽涉
及那畢竟不是可爲我們所認知的東西"這種涉及之基礎。如若不
然， 則在判斷此自然目的之可能性時， 我們定不須依照一"完
全不同於自然機械作用之因果性"的特種因果性來評估此自然目

的。依此，一物之作爲一自然目的這個概念對決定性的判斷力而言是超絕的（過分而誇奢的 überschwenglich: Transcendent），如果它的對象是經由理性而被考量時；但是對反省判斷力而言，它在關於經驗之對象中却很可是內在的（Immanent）。因此，在決定性的判斷力方面，客觀實在性並不能爲此自然目的之概念而取得。依此，我們可以了解：一切這樣的諸系統，卽 "被設計出來而企圖去對於「自然目的之概念」以及對於「自然之作爲一整全而將其一致性與貫通性歸功於目的因」這一層意思，作獨斷或斷然的處理" 的那些系統，何以皆不能經由其客觀的肯定或否定而裁決任何什麼事。因爲如果事物被歸屬在一個只是或然的概念之下，則附隨於此或然概念的綜和謂詞，例如在現在情形中，我們的事物之產生所假設的自然目的是否是 "有意設計的" 抑或是 "無意設計的"，這 "有意設計" 與 "無意設計" 之謂詞（綜和謂詞），其給出對象之判斷亦必同樣是一或然的判斷，不管其所給出的判斷是肯定的抑或是否定的，蓋因爲一個人並不知道他是否是在關於那是 "某物" 者作判斷，抑或是在關於那是 "無物" 者作判斷。一種經由目的，卽經由技藝之目的，而成的因果性，這種因果性之概念確然有其客觀實在性，恰如依照自然之機械作用而成的因果性之概念有其客觀實在性。但是一遵循目的之規律而成的自然因果性之概念，尤其像那 "完全不能在經驗中被給與於我們" 這樣的一個存有（被視爲是自然之根源這樣的一個存有）之概念，雖然它確然可以無自相矛盾而被思，然而對 "斷然性的決定肯斷" 而言，它却是無用的。何以故如此？蓋由於這樣的因果性之概念或這樣的存有之概念是不能夠經由經驗而被引出的，此外，它對經驗底可能性而言又是不必要的，是故茲並沒有什麼東西能對於其客觀實在性可給出任何保證。但是，縱使其客觀實在性能夠被保證，我又如何便能把那"確定地被置定爲是神藝之產物"的事物算作是自然之產物呢？正當自然不能依其自己之法則而產生像神藝之產物這樣的產物之時，我們才被迫使去訴諸一"不同於自然"的原因。可是正當如此之時，我又如何便能把那"確定地被置定爲是神藝之產物"的事物算作是自然之產物呢？（案意卽：因自然之無能去產生像神藝之產物這樣的事物，所以才迫使我們去訴諸一超自然的原因，但不能因此便可以把屬於"超自然的原因"的神藝之產物算作是自然之產物。故有文中之問語。）

§75

自然之一客觀的合目的性之概念
是對"反省判斷力"而言的一個批判性的理性之原則

如上所說固不錯，可是若說：某些自然事物之產生，或甚至全部自然之產生，是只有通過一個"依照意匠設計而決定其自己於活動"這樣一個原因之動作，才是可能的：若這樣說，這是一會事；而若說：就我的認知機能之特殊構造（本性）而言，我之能判斷那些自然事物之可能性以及那些自然事物之產生之可能性之唯一的辦法便就是經由以下之辦法而判斷之，卽經由"爲那些自然事物之可能性以及其產生之可能性之目的而去思議一個原因它是意匠設計地在工作着，因而結果也就是說，去思議一個存有它的產生力是類比於一知性（一睿智體）之因果性者"這辦法而判斷之：若是如此說， 這又完全是另一會事 。 在前一種說法之情形中， 我是想去確定對象方面之某種事 （想對於對象有所確定）， 而且我也被迫着要去證明我所假定的一個概念之 "客觀的實在性"。 而在後一種說法之情形中，理性所決定者只是我的諸認知機能之使用，卽是說，理性只比照諸認知機能之特殊性格並且比照那些爲此諸認知機能之範圍與限度這兩方面所置定的本質的條件，來決定我的諸認知機能之使用。因此，那第一種說法之原則是對決定性的判斷力而言的一個客觀原則；而第二種說法之原則則是只對反省判斷力而言的一個主觀原則，因而結果也就是說，它只是理性所規定的一個 "屬於反省判斷力" 的格準 （maxim）。

事實上，如果我們想以孜孜不倦的觀察來從事自然之有機產物之研究，我們便不能避免 "採用意匠設計之概念以爲基礎" 之必然性。因此，我們在此意匠設計之概念中有一格準，此格準對於我們的理性之經驗的使用乃是絕對地必要的 。 但是， 對自然〔之有機產物〕之研究而言的這樣一個引導線索一旦被採用，而其應用亦一旦被證實，則這便是顯然的， 卽：我們至少亦要必須在自然全體方面試一試這一 "判斷力之格準"，因爲有好多自然之法則可依照此格準之指導而被發見出來；若不這樣去試，則以我們之對於自然之機械作用之洞見之限制之故，那些自然法則必仍然隱藏在那裏而永不爲我們所發見。可是在關於此一 "判斷力之格準" 之在自然全體方面之使用中，此格準固是有用的， 但它却並不是不可缺少的。因爲 "自然全體" 並不是當作有機物而被給與於我們者。（有機物之有機一詞是依上所指派給它的嚴格意義而言者)。另一方面，在關於那些"只能被評估爲是依其恰如此而不如彼之樣式而意匠設計地被形成"的諸自然產物方面，上面所說的那反省判斷力之格準是本質地必要的，如果不爲其他目的，但只想去得到這些自然產物底內在而固有的性格之經驗的知識時。因爲甚至"卽思想這些自然產物爲有機物"之思想其自身也是不可能的，倘若我們不把"思想這些自然產物之產生爲經由意匠設計而成者"之思想拿來與之相聯時。〔案意卽：若不把這些自然產物思之爲經由意匠設計而成者，則甚至思之爲有機物亦不可能。此卽表示有機物之觀念必須與意匠設計之觀念相連繫。〕

現在，凡"一物之「真實存在或形式」底可能性須被表象爲服從一目的之條件"的地方，那地方就存在着依自然法則而來的事物之偶然性之概念不可分離地與事物之概念連繫於一起。爲此之故，那些自然事物，卽如"我們只視之爲目的，它們才可能"，這樣的諸自然事物，它們就構成宇宙底偶然性之主要的證明。對一般人來說，和對哲學家來說一樣，那些當作目的看的自然事物也是宇宙偶然性之"依靠於並源於一世界外的存有"之一有效的論據，而且更亦是其依靠於並源於這樣一個存有，卽"前文所說的合目的性的形式表明其須是一睿智體"這樣的一個存有之一有效的論據。這樣說來，那些當作目的看的自然事物可以指示出：目的論必須注意於一種神學以便對於其研究作一完整的回應。

但是，設想目的論已被帶至最高的圓滿之頂點，那麼，它最後將會證明什麼呢？例如，它能證明這樣一個睿智的存有真實地存在着嗎？不，它決不能；它所能證明的不過是這一點，卽；依照我們的諸認知機能之構造(本性)，因而又在使經驗接觸到理性之最高原則中，我們若不想像有一最高原因它意匠設計地在運作着，我們便絕對不可能去形成像現在這樣一個世界底可能性之任何概念。因此，我們不能夠客觀地去把"茲存在着一睿智的根源存有"之命題予以實化。正相反，我們只能爲"我們的判斷力之在其反省自然目的中之使用"而主觀地去實化此命題，蓋此所反省的諸自然目的只能夠依一最高原因之有意向的因果性之原則而被思，除此以外，它們不能依任何其他原則而被思。

設若我們想從目的論的根據獨斷地或客觀斷定地去建立"茲存在着一睿智的根源存有"這個大前提，則我們一定要糾纏於許多不可解的困難中。因爲那樣一來，這些〔"建立之"之〕推論必應須爲以下之正題 (thesis) 所支持，卽：世界中有機的存有除因着一意匠設計地運作着的原因而可能外，決不會因着別樣的原因而可能"。但是，我們說那些推論須爲這正題(thesis)所支持，我們是想說以下一層意思嗎？卽：「只有因着遵循目的之觀念，我們始能把我們的研究推進至這些事物（這些有機的存有）之因果連繫，而且始能認知這個因果連繫所展現的合法則性 （Gesetz-massigkeit）；旣只有因着遵循目的之觀念，我們始能如此云云，所以我們也有資格去假定：對每一或任何會思維而且能認知的存有而言，這"遵循目的之觀念"之遵循，作爲一必要的條件，因而也就是說，作爲一個"亦繫屬於對象客體，而並非只繫屬於主體，卽並非只繫屬於我們人類自己"的條件，也同樣地有效。」我們是想說這層意思嗎？因爲這似是一不可免的主張，所以我們定須預備去採取這種主張。但是在支持這樣一種主張中，我們從未成功過。因爲嚴格說來，我們並不能察知自然中的目的是有意設計成的。我們只是把此目的之概念解成〔客觀的〕事實，即把那"只作爲一指導線索以指導我們的判斷力去反省自然產物"這樣一個目的之概念解成〔客觀的〕事實。因此，這些〔所謂自然〕目的並未經由對象（客體）而被給與於我們。我們甚至亦不可能先驗地去保證這樣的目的之概念之適合性，如果這概念被認爲具有客觀的實在性時。因此，開頭作爲一大前提的那個命題，即"茲存在着一睿智的存有"這個命題，原只是基於主觀條件的一個命題，即只是"基於那「適合於我們的諸認知機能」的反省判斷力之條件"的一個命題。至於所說那個正題則是越出這個基於主觀條件的命題之外的。因此，由此正題，我們絕對得不到什麼事。如果此基於主觀條件的一個命題在客觀的詞語中被表示爲是獨斷地（或客觀斷定地）有效的，則此命題必應這樣寫，即："茲存在着一上帝"。可是那"對我們人類而言是可允許的"那一切却正是如下所說這狹窄的（有限制的）定則（formula），即：我們必須引用合目的性，甚至必須引用之以爲我們的對於許多自然事物底內在可能性之知識之基礎，可是，我們除把所引用的這樣的合目的性以及一般言之世界本身表象爲一睿智的原因即上帝之產物外，我們不能思議這樣的合目的性以及這世界本身，或說我們不能使這樣的合目的性以及這世界本身對於我們爲可理解。

"茲有一睿智的根源存有"這個命題，如其所是，它實只基於我們的判斷力之一不可缺少地必要的格準上。現在設想如此樣的這個命題，從每一人類的觀點觀之，是完全令人滿意的，並且對我們把我們的理性所能作的任何使用，不管是思辨的使用抑或是實踐的使用，而言，亦同樣是完全令人滿意的，如是，則我亦定想去知道：從我們之不能證明此命題之"對較高級的存有亦有效"之有效性而言，我們將忍受什麼損失，即是說，從我們之不能依純粹的客觀根據去實化此命題而言（不幸這樣地去實化之是超出我們之所能至者之外的），我們將忍受什麼損失。我意那是完全確定的，即：若只注意於自然之機械性的原則，則我們決不能得到"有機的存有以及此有機的存有之內在可能性"之一充分的知識，至於想去說明它們，這更作不到。實在說來，這是如此之確定以至於我們可以很有信心地肯斷說："甚至去懷有任何想去如此爲之（即依機械原則去得有機物之知識並想去說明之）之思想"，這對我們人類而言亦是荒謬背理的，或"甚至去希望可有另一個牛頓有一天忽然出現，他甚至使一莖草葉之創生也可以依自然法則（即"無意匠設計以安排之"的那自然法則）而爲可理解的"，這對我們人類而言亦同樣是荒謬悖理的。我們必須絕對否決人們之可有此種識見。然則我們想去思以下一層意思嗎？ 即： 如果我們眞能夠去滲透那"自然所依以特殊化其常見的普遍法則"的原則時，則有機物底可能性之根源，即那"足以充分說明這些有機物之起源而用不着依賴於一種意匠設計以明之"這樣的根源，決不能見其永埋葬於自然之秘密中而終可發見之：我們是想去思這層意思嗎？這層意思在我們分上，必會轉而又是一十分專擅的判斷。因爲我們如何能去希望關於這一點得到任何知識呢？當問題之關鍵要看"純粹理性之判斷"[1] 而定時，概率是完全退而無用的（不足數的）。因此，關於這個問題，即關於"是否有一任何意匠設計地活動着的存有立於我們所恰當地名之曰「自然目的」者之後面以爲一世界之原因， 因而亦就是說，以爲一世界之創造者”這問題，我們對之是不能作任何客觀的判斷的，不管這判斷是肯定的抑或是否定的。雖然如此，可是以下一點是甚爲確定的，卽：如果我們應當去依據我們自己之本性所允許我們去看到者來形成我們的判斷，卽是說，應當去服從“我們的理性之條件與限制”來形成我們的判斷，則我們完全能夠去把這樣的自然目的之可能性只歸給一睿智的存有，卽除歸給一睿智的存有外，我們不能把它歸給任何其他根源。只此便已符合我們的反省判斷力之格準，因而也就是說，便已符合於這樣一個主觀的根據，卽此根據，縱使它是主觀的，然而它却很難根絕地牢固於人之族類中。

〔譯註⑴〕：

　　案“純粹理性之判斷”意卽由純粹理性所形成的諸判斷，此則不同於由知性而成者，故下 §76 “註說”卽由說明知性與理性之不同開端。

§76
註　說
〔關於人類知性與理性之特殊性等之說明〕

以下之通覽實是超越哲學中一值得詳說的通覽，但是在這裏，它只能當作一說明的旁文，不能當作主要論證中的一段正文，而被引介進來。

理性是一原則之機能，而無條件者是其所意在之終極目標。另一方面，知性則是理性之所處理者，但總只在那必須被給與的某一條件下爲理性所處理。可是，若無知性之概念（客觀的實在性必須被給與於此知性之概念），理性亦不能作成任何客觀的（綜和的）判斷。理性，它若作爲理論的（知解的）理性，它是絕對無其自己之任何構造性的原則的。正相反，它的原則只是軌約性的。那是很容易被覺知的，卽一旦理性進而越過了知性之所追踪及者，它便變成超絕的（transcendent）。它只在理念中展現其自己（理念作爲軌約原則確然有一基礎），但却並不在客觀地有效的概念中展現其自己。但是，知性，卽那"不能與理性並駕齊驅，然而要想在關於對象中給出妥效性，它却猶是需要的"這樣的知性，它把這些理念之妥效性限制於下判斷的主體，雖這主體是廣汎意義的主體，因爲它須包含有"屬於人之族類"的那一切主體。換言之，知性把這些理念之妥效性限制於如下所說的情狀或條件，卽：從我們人類的知識機能之本性而觀，或甚至以最廣義的詞語說，依照我們爲我們自己所能形成的"一有限的睿智存有一般之能力之任何概念而言，「我們人類的知識機能必須被思議爲是如此之樣式，而不能被思議爲不如此而有別樣者」"(1)。這樣說的情狀或條件並不含有肯斷說："必須如此而不能不如此"這樣的判斷之基礎乃處於對象中(卽依對象而然者)。我們將提出若干例證，這些例證，雖然它們確然旣甚重要又太困難，以至於在這裏很難卽刻把它們當作一些已被證明的命題强加在讀者身上，然而它們却可給讀者某些資料以備反省，並且它們亦可說明我們的注意在這裏所特別留心的那些事情是什麼。

〔譯註⑴〕：

案此語，<u>康德</u>原文是"沒有什麼別樣者可被思或必須被思"(nicht anders als so könne und müsse gedacht werden)。第一英譯（Bernard 譯）卽依原文直譯爲："nothing else can or must be thought"（沒有什麼別樣者能够被思或必須被思）。此指什麼說呢？卽指"我們人類的知識機能之本性"說，或更一般地指"一有限的睿智存有一般之能力"說。卽在這本性或能力方面，"沒有什麼別樣者可被思或必須被思"。故第二英譯（Meredith 譯），則將原文補以主詞"it"而改爲正說："it must be conceived to be so and connot be conceived otherwise."（它必須被思議爲是如此而不能被思議爲有別樣）。此中之it（它）卽指"我們人類的知識機能之本性"說。人類的知識機能之本性卽是如此這般的感性，如此這般的知性，如此這般的理性，或更一般言之，卽是如"一有限的睿智存有一般之能力"那樣者。我們的能力是一有限的睿智存有之能力：我們的感性所發的直覺只能是感觸的直覺，以時空爲其形式條件，我們不能有純智的直覺；我們的知性只能是辨解的（依邏輯程序而曲折以行的），而不能是直覺的，我們的直覺只能是感觸的，而不能是純智的；而我們的理性（理論理性）則常順感性知性之所及而力求完整以越過吾人之感性與知性，因而常提出一些無經驗對象與之相應的理念。我們的能力旣只是如此，故有此處所云知性把理性之理念底妥效性限制於下判斷的主體云云。下文所引述之例證卽在說明此義。人類的知識機能只能被思爲是這樣而不能有別樣。而第三英譯（Pluhar 譯）則譯爲"all thinking must be like this and cannot be otherwise."（一切思維必須如此樣而不能有別樣），此則失其義矣。他把"nicht anders"(nothing else)改成"一切思維"，把"gedacht werden"(be thought or be conceived 被思)這被動語氣的動詞改成"must be like this and cannot be otherwise"，皆甚誤。

人類知性不能避免這必然性，卽"於事物底可能性與現實性之間必然要去引出一種區別"這種必然性。這種"必然性"之理由是存於我們自己之自我以及存於我們的諸認知機能之本性。如果不是"供給概念"的知性與"供給「相應於概念」的對象"的感觸直覺這兩種完全異質的因素乃是我們的諸認知機能之運用之所必要者，則便不會有這樣的區別（卽"可能的"與"現實的"間之區別）之可言。這意思是說：如果我們的知性是直覺的（案意卽不是辨解的），則除那是現實的這樣的對象外，便不會有任何其他別樣的對象之可言。如是，則所謂概念，卽"只指向於一對象之可能性"的那概念，以及所謂感觸直覺，卽那"可以把某物給與於我們但並不因而卽可以讓我們去認知某物爲一對象"這樣的感觸直覺，必皆不會有存在。現在，我們於"只是可能的"與"現實的"間所引出的那全部區別是基於這事實，卽：可能性是指表在關涉於我們的概念中，一般言之，在關涉於我們的思考能力中，去安排一物之表象之地位，而現實性則指表離開此概念而安置一物於其自身中（安置一物於其直接的自我存在中）（依此，"可能的"與"現實的"間之區別乃只是"對人類知性而言的主觀地有效的"一種區別。這區別是由這事實而發生，卽：縱使某物並不存在，我們猶可總是給此某物一地位於我們的思想中，或這樣說：如果茲有某物，我們對此某物並無概念，可是我們猶可想像此某物是被給與了的。因此，去說："事物之不是現實的而可以是可能的"，又說："因而由純然的可能性，沒有關於現實性的任何結論可以被引出"，這兩說法實是去陳說了兩命題之只對人類理性而有效，但却並沒有因着這樣的有效便可證明可能與現實之區別亦存於事物之本身。這層意思，卽：「"可能與現實之區別亦存於事物之本身"這種推斷並不能由所陳說的對人類理性有效的那兩命題而推出」，這層意思，以及隨之還有這另一層，卽：「雖然這兩個對人類理性有效的命題,當我們的認知機能在其服從感觸條件中亦有事於感取之對象時，它們確然甚至在這感取之對象上亦是有效的，然而它們却並不在"事物一般"上亦是有效的」，這另一層意思： 這所說的兩層意思， 當我們注意於理性之要求時，是甚爲顯然的。因爲理性從未撤消其對於我們之挑戰而永遠要求我們去採用或假定那以無條件的必然性而存在着的某物或他物以爲根源的根據，在此根源的根據中，可能性與現實性間不再需要有任何差異，而我們的知性亦絕對無概念以回應此理念（此作爲根源的根據的某物之理念），那就是說,我們的知性不能有方法去把任何這樣的事物表象給其自己，或說我們的知性不能有方法對於這樣的事物底存在模式去形成任何概念。因爲如果知性思維此某物(不管如何想)，則此物總只被表象爲是可能的。如果知性意識到此某物爲給與於直覺中者，則此某物便是現實的，且亦無任何可能性之思想可進入於此情形中。因此，一絕對必然存有之概念，雖然無疑它可以是理性之一不可缺少的理念，然而對人類知性而言，它却是一可達到的或然概念。縱然如此，此一絕對必然存有之概念對我們的諸認知機能之依照其特殊的構造(本性)而成的使用而言却是甚爲有效的；結果也就是說，它對對象（客體）而言，並不是有效的，而卽如其"非對對象有效"所意謂者，它亦並不是對每一有認知作用的存有而言爲有效 。「 因爲我不能把這意思，即"思想與直覺是兩個不同的條件，每一有認知作用的存有皆須服從此兩不同的條件以運用其認知機能"這層意思視為當然，因而也不能把這意思，即"事物〔本身〕有一可能性與現實性〔之區別〕"這層意思視為當然」。〔案此語，Bernard 與 Pluhar 依原文直譯為：因為我不能在每一這樣有認知作用的存有中皆預設思想與直覺為其認知機能底運用之兩個不同的條件，因而結果也就是說，我也不能預設思想與直覺為事物之可能性與現實性之兩個不同的條件。〕一種如此之知性，即"可能性與現實性之區別不曾進入其認知之模式"的那種知性（案此即如神知之知性或一無限存有之知性，即直覺的知性）可因着以下之陳說而表示其自己，即：一切我所知的對象皆是"是"，即皆是"存在着"（案意即皆如如存在）；而那"不曾存在"的一些對象之可能性，換言之，這一些對象之偶然性，即"假設其要存在"這要存在的那些對象之偶然性（案亦即亦可不存在：對象之要存在而可不存在便是此對象之偶然性），因而也就是說，那"必應被置於與此偶然性相對比而區以別"的那必然性（案「一物之"不存在"是不可能的」便即是此物之必然性，此與"一物之要存在而可不存在"之偶然性相對反），這樣說的可能性或偶然性，以及這樣說的必然性，必皆不會進入於這樣一個存有（案即"有直覺的知性"的無限存有）之表象中。但是那"使我們的知性連同其概念很難與理性相頡頏或相匹敵"的那一點，簡單地說來，就是這一點，即：如這東西，即"理性所視之為對象之本質者（為屬於對象者）並所採用之為原則者"的那東西，對我們人類的知性而言，却是超絕的東西，即是說，在人類知性底知識之主觀條件之下，它是不可能的東西。如是，在此種情況下，以下之格準總是有效的，卽：一旦關於對象之知識超過了知性之能力，我們必須總是依照那些"必然地附屬於我們的人性"的主觀條件，在此人性底諸認知機能之運用中，去思議那些對象。而如果在此樣式中所作成的諸判斷不能成為構造性的原則以去決定對象之性格（就超絕的概念而言，所作成的判斷必須是如此），那麼，這所作成的諸判斷猶可仍是軌約性的原則，此軌約性的原則之功能是內在的（意卽不是超絕的），而且是可信賴的，而且這些軌約性的原則亦最適宜於人類的觀點。

我們已知：在自然之理論的（知解的）研究中，理性必須假定自然之根源的根據之一無條件的必然性之理念。同樣，在實踐範圍內，理性亦必須（在關於自然中）預設其自己之無條件的因果性，換言之，必須預設其自己之自由，因為它意識到其自己之道德的命令。但是現在，在這裏，那當作義務看的行動之客觀的必然性是被視為對反於那"當作一事件看的行動所會有之"的那種事[1]（derjenigen）者，設若此當作事件看的行動之根源置於自然中而並不置於"自由"或"理性之因果性"中時。因此，那"道德地說來有絕對必然性"的行動，若自然地說來或物理地說來，它卻完全是"偶然的"者（卽是說，我們確知那應當必然地須發生者卻時常並不發生）。因此，那很清楚，卽：說"道德法則必須被表象為命令，而符合於道德法則的行動必須被表象為義務"，以及說"理性之表示此必然性並不因着「是」（存在）或「發生」而表示之，但只因着一個「應當是」（責成）而表示之"：凡此等等正皆只是從我們的實踐機能之主觀性格而發出者。如果理性以及其因果性被認為是獨立不依於感性，卽是說，被認

爲可以免於"其應用於自然中之對象"之主觀條件之限制，因而
結果也就是說，被認爲是一個"完全與道德法則相諧和"的智思
界中的一個原因：如果理性以及其因果性被認爲是如此云云時，
則決不會有如上所說之情形發生。因爲在智思界裏，決不會有
"責成你應當爲"與"爲"之間的差異，或說，決不會有關於那"通過
我們的行動而可能"這可能者的實踐法則與關於那"我們所使之
成爲現實的"這現實者的理論法則（知解法則）之間的差異。但
是，雖然這樣一個智思界，卽"在其中每一東西之爲現實的是只
因着這單純的事實，卽：「由於它是某種善的事，是故它是可能
的」這單純的事實而爲現實的"這樣一個智思界，對我們人類而
言是一超絕的概念（如自由本身作爲智思界之形式條件亦是一超
絕的概念），然而它却實有其恰當的作用。因爲，雖然由於是超
絕的，它在想作爲一構造原則以去決定一對象以及此對象之客觀
實在性上是無用的，然而它猶可充作一普遍性的軌約原則。何以
故？此蓋由於"我們一方也有感觸性的本性與能力"之特殊性格
而然，此特殊性格使那智思界之概念對我們人類而言是有效的；
而當我們依我們的理性之特殊性格而想像或表象此智思界之概念
時，則此智思界之概念又對那些"無論如何總受制於此感取界"的
一切有限的睿智存有而言是有效的。卽由於是如此云云，所以那
智思界之概念猶可充作一普遍性的軌約原則。但是此原則並不能
客觀地決定那"作爲一種因果性之一形式"的自由之本性：它依
照自由之理念把行動之規律改轉成對每一人而言的命令，這一改
轉並無較低之妥效性，卽比"如果它曾客觀地去決定那種自由之
本性"時爲較低之妥效性。

〔譯註⑴〕：

案"那種事"，德文原文是 "derjenigen"，*Meredith* 譯爲"that which"， 是當作事件看的行動之所具有者，這"所具有者"指什麼說呢？即指下句所說的 "偶然性" 說。當作義務看的行動之 "客觀的必然性" 是與這 "偶然性" 相對反的。*Bernard* 與 *Pluhar* 兩人之英譯俱直譯之爲 "necessity"。然則那個 "derjenigen" 是指客觀必然性之 "必然性" 說，意即當作義務看的行動之 "客觀必然性" 是對反於當作事件看的行動所有的 "那種必然性"。 但當作事件看的行動那裏有什麼必然性？ 下句明明說它完全是偶然的。 故知那兩英譯是錯的，因於義理不通故。*Meredith* 譯爲"that which"猶含混，但順英文習慣，亦可指那 "必然性" 說，但這却是不通的。故查德文原文而虛譯爲"那種事"，即意指下句所說的 "偶然性" 那種事說。

同樣，關於我們眼前之情形（即自然目的之問題），如果不對我們人類知性之形態而言，我們定找不出自然之機械作用與自然之技巧巧妙（即自然之合目的的連繫）間之區別。我們人類知性〔之運用〕必須從普遍的進到特殊的。 因此， 在關於特殊者中，判斷力不能確知有任何"合目的性"，或因而結果也就是說，它不能作出任何決定性的判斷，除非它有一普遍的原則，它能把那特殊者歸屬於此普遍原則之下。 但是那特殊者， 依其本性而言，在關涉於普遍者中，即含有某種偶然性的東西。可是理性猶要求："在自然之諸特殊法則之融合（Vetbindung: combination）中將亦有統一性，因而結果亦就是說，將亦有合法則性"；而"從普遍的法則先驗地引生出特殊的法則（就其偶然性的內容而言的特殊法則）"，這並不是經由對於對象之概念作任何決定而可能的。現在，上說偶然者方面之"合法則性"被名曰"合目的性"。因此，從而可知：自然產物中"自然之合目的性之概念"雖然它並不能接觸到對象之決定，然而它對"人類判斷力之在關涉於自然中"而言却是一必要的概念。因此，對判斷力之使用而言，它是理性之一主觀原則，而且若視之爲軌約原則，而不視之爲構造原則，則它又是一個"對我們人類的判斷力而言爲必然地有效"的原則，其爲必然地有效好像它眞是一個客觀原則似的。

§77

人類知性之特殊性使一自然
目的之概念對我們爲可能

〔經由人類知性之特殊性，一自然目的之概念可對
我們爲可能〕

在上面的註說中，我們已表示了那些"屬於我們的認知機能（甚至較高級的認知機能）"的特點，關於這些特點，我們很容易被誤引去把它們視作客觀的謂述而轉移到事物本身上去。但是，這些特點實是有關於這樣的一些理念，即對於這些理念，沒有與之相應的對象能被給與於經驗中，因而這些理念只能在追踪經驗或尾隨經驗中充作軌約原則。一自然目的之概念，就一個像此自然目的這樣一個謂詞底可能性之根源而論，無疑也同樣只能在追踪經驗中充作軌約原則。像自然目的這樣一個謂詞底可能性之根源，這一種根源只能算是一個"理念"。但是"可歸屬給此根源"的那結果，即產物本身，却是那被給與於自然中者，而一自

然因果性之概念，若被認爲是一"依照目的而動作"的存有之"因果性"，則這便似乎是要去把一自然目的之理念改轉成一構造性的目的論的原則。即在此改轉處，便存有此自然目的之理念與一切其他理念間的一個差異點。

但這差異點存於這事實，即：所論自然目的之理念，其爲理性之原則並不是對知性之使用而言者，而乃是對判斷力之使用而言者，因而結果也就是說，它是只對"知性一般之應用於可能的經驗對象"而言的一個原則；「而且即在此應用處」[1]，依此原則所作成的判斷亦不能是決定性的判斷，但只能是反省的判斷。結果也就是說，在此應用處，雖然對象固確然可以被給與於經驗中，然而它却甚至不能依照理念而決定地被判斷（不要說完全適當地或相應地被判斷），它但只能被使成爲一個反省底對象。

〔譯註(1)〕：

案此依德文原文 "und zwar da, wo" 而譯。

因此，這差異點正亦有關於"我們的（人類的）知性之關聯於我們的判斷力之在其反省於自然事物中"之特殊點。但是，如果確係如此，則在這裏，我們必須有一"不同於人類知性"的可能知性之理念作基礎。（在"純粹理性之批判"中，已有一相似的函義。如果我們人類的直覺須被認爲是特別的一種直覺，即是說，是一種"對象在其面前只能算作現象"的直覺，則我們非要把"另一種可能形態的直覺之思想"呈現於我們心靈上不可。）

如果不是如此，則我們必不能有這陳述，即：某種自然產物，由我們人類知性之特殊的構造（本性）觀之，必須被我們思量爲是意匠設計地產生出者，並必須被我們思量爲是一目的者（如果我們去思議其產生之可能性時）。〔今我們可有此陳述，這必由於我們已有一不同於人類知性的可能知性之理念作基礎而然。〕而我們之可因那不同於人類知性的可能知性之理念作基礎而有此陳述却亦用不着此陳述含有任何這樣的要求，即要求說：事實上，茲必須有一現存的特殊原因，在此特殊的原因中，一目的之表象可充作決定根據，或因而亦即用不着此陳述含有任何這樣的肯斷，即關於一種"不同於人類知性"的知性之力量之肯斷。那就是說，那陳述並不否決以下之想法，即：一不同於（較高於）人類知性的知性，它或可能夠甚至在自然之機械作用中，即是說，即在那"不須積極地假定一知性爲其原因"的那種因果連繫之機械關係中，去發見這樣的自然產物（即被視爲自然目的的自然產物）底可能性之根源。

因此，我們在這裏所關切的事就是我們的知性對於判斷力所能有的那種關係（案意即：就是我們的知性如何關聯於判斷力）。事實上，我們要去考察這種關係乃爲的是想在我們的知性之構造（本性）中〔即在其判斷力之關於特殊者中〕去找出一種偶然性之成素，「這樣，我們便可把在考察這關係中所找得的這偶然性之成素當作是"我們自己的知性之與其他可能的知性相對比時"之一特殊性而注意之。」〔依 Pluhar 之英譯當如此：「這樣，我們便可對於這特殊性，即如那"足以使我們的知性與其他可能的知性區別開"的那種特殊性，予以注意。」〕〔案意即我們的知性之不同於其他可能的知性之特點即在其判斷力之關涉於特殊者時有一種偶然性之成素存在；這是我們的知性之本性注定要有的。可是要注意，這不是說我們的知性本身之特性是偶然的。見下文即明。〕

這種偶然性是很自然地出現於特殊者中，這特殊者乃即是"判斷力想把它置於知性底概念（即範疇）所提供的普遍者之下"的那東西。因為這特殊者並不是為我們人類知性底普遍者所決定的東西。雖然諸不同的事物可以在一公共的特徵中相契合，然而它們所依以呈現到我們的知覺上的那千差萬別的樣式却是偶然的。我們的知性是一"概念之機能"。此即意謂：它是一辨解的知性（discursive understanding），對這種辨解的知性而言，那"在自然中被給與於此種知性而又能被置於此種知性之概念下"的特殊者之性格與變化却必確然是偶然的。但是現在，直覺也是知識中的一個因素（案原文是：直覺也是屬於知識的），而"直覺之完全的自發性"這一種機能必應是一"不同於感性而又完全獨立不依於感性"的認知機能。因此，這樣一種認知機能必應是依知性一詞之最廣義而言的一種知性。這樣說來，我們也能夠想像一種"直覺的知性"（消極地或簡單地說，只是一種"不是辨解的"知性），這直覺的知性並不從普遍的進到特殊的，因而又進到個體物，就像我們的知性以其概念所為者那樣。這樣一種直覺的知性必不會經驗到（遭遇到）上說的那種偶然性，即"阻礙自然與知性在那服從特殊法則的自然產物中相一致"的那偶然性。但正是這偶然性它使"去把自然之繁多性化歸到知識之統一性"這種化歸成為我們的知性上十分困難的事。我們的知性只能通過自然的特點之與我們的概念機能相諧和（一最偶然的一致）而完成這種化歸之工作。但是一直覺的知性却並無這樣的工作去作。

依此，我們的知性，在關於判斷力中，其處境是很特別的。因為在經由知性而成的認知中，特殊者並不為普遍者所決定。因此，特殊者亦並不能單由普遍者而被引生出。但是在自然之繁多性中，而且通過概念與法則之媒介，此特殊者須與普遍者相一致，以便其可被歸屬於普遍者之下。但在適所說的情況之下，此種一致必須是十分偶然的，「而且它之存在着亦必須是用不着任何決定性的原則以指導我們的判斷力而即存在着的」〔依原文及其他兩英譯：「而且對判斷力而言，它亦必須是沒有決定性的原則的」。〕

縱然如此，可是我們至少猶能夠去思議自然中的事物與判斷力間這樣的一種一致之可能性，這一種一致，我們表象之為偶然的，因而結果也就是說，我們之可表象之為可能的是只當藉賴着一個"可以指引到其產生"的目的始可表象之為可能的。但是若如此作，我們必須同時也要想像一種"不同於我們的知性"的另一種知性，關涉到這另一種知性，（不僅關涉到之而已，且亦更用不着開始於先把一"目的"歸屬給此另一種知性），我們就可把"上說的諸特殊的自然法則與我們的判斷力間之一致"表象為是必然的。可是"諸特殊的自然法則與我們的判斷力間之一致"，這種一致，若對我們的知性而言，其為可思議是只當"目的"被引介進來作為一"結成連繫"的居間媒介項時，始為可思議的。

事實上，以下所說是我們的知性之一顯著的特徵，即：在我們的知性所成的認知中，例如在其對於一產物之原因之認知中，

我們的知性是從分解的普遍者進到特殊者，或換言之，是從概念
進到特定的經驗直覺。因此，在此過程中，我們的知性在關於特
殊者之繁多性中是決定不了什麼事的。正相反，我們的知性必須
等待經驗直覺（設想"其對象是一自然產物"的那經驗直覺）之
歸屬於概念下，去為判斷力供給此決定，它始可在關於特殊者之
繁多性中有所決定。但是現在，我們亦能夠去形成這麼一種知性
之概念，即：此知性由於其不是像我們的知性那樣之為辨解的，
而但只是直覺的，是故它是從綜和的普遍者（或說從"一全體之
作為一全體"之直覺）進到特殊者，那就是說，從全體進到部分。
要想使一確定形式之全體為可能，部分之綜和中的一種偶然性並
不為這樣一種知性或這樣一種知性之對於全體之表象所函蘊。但
是那偶然性却正是我們的知性之所需要的〔案意即所要遭遇的〕。
我們的知性必須從這樣的部分（即那些當作普遍地被思議的原則
或根據看的部分）進到那些千差萬別的可能形式（即那些"須被
歸屬在那些作為原則或根據的部分之下以為其後果"的諸各異的
可能形式）。我們的知性之本性是這樣的，即：我們只能把自然中
一真實的全體視為諸部分底共發的力學力量之結果。既然如此，
那麼，我們如何能不依那"可符合於我們辨解知性"的一種樣式
去把"全體之可能性"表象為依靠於部分呢？難道我們竟可以遵
循直覺的知性或原型的知性（archetypal understanding）之標
準之所規定者而去把那些"依其形態與結合而言"的諸部分之可
能性表象為依靠於全體嗎？所說我們的知性之特殊性並不允許我
們依"全體含有部分底連繫底可能性之根源"之路數去作那上兩
問語中之事。那兩問語中之事（即"不把全體之可能性表象為依

待於部分，而却想把部分之可能性表象為依待於全體＂這種事）
在辨解型的知識中必會是自相矛盾的。但是＂一全體之表象可以
含有該全體底形式底可能性之根源以及該形式所包含的諸部分底
連繫底可能性之根源＂，這乃是我們〔之能表象部分之可能性為
依待於全體者〕的唯一這道路。但是現在，在這種情形中（卽
＂全體之表象可含有云云＂之情形中），全體必應是一結果或一產
物，此結果或產物之表象是被看成是此結果或此產物底可能性之
原因的。但是，這樣一個原因，卽其決定根據只是其結果之表
象，這樣一個原因，其產物是被名曰＂目的＂的。因此，隨之而
來者便是：＂我們之一定要把自然之產物表象為是依照一種「不
同於物質之自然法則之因果性」的因果性而為可能者，卽是說，
是只依照目的以及目的因而為可能者＂，這只是從我們的知性之
特殊性格而流出的一個後果。同樣，我們也說明了這事實，卽：
此原則（卽＂依照目的因表象自然產物＂之原則）並未觸及＂這
樣的事物自身，卽使被視為現象，這作為現象的事物自身，如何
可依此產生之模式而為可能＂之問題，它但只有關於那＂對我
們的知性為可能者＂這樣的事物之評估。依此而觀，我們同時也
見到為什麼有以下之情形，卽：在自然科學中，我們是很不以
＂藉賴一種依照目的而成的因果性所作的一種自然產物之說明＂
為滿足的。因為在這樣一種說明中，一切我們所尋求的乃是一種
對於自然產物之評估，這一種評估是適合於我們的評判機能或反
省判斷力，而並不是為了決定性的判斷力而可適合於事物之本身
者。在這裏，那也完全不必要去證明：像＂在決定性的判斷力上
適合於事物本身＂這樣的一種＂原型知性＂（intellectus arche-

typus）是可能的。只要能表明以下之所說便已足夠，即：我們是因着以我們之"需要有影像或形像"[1]的辨解知性（即做本知性 intellectus ectypus）來與那原型知性相對比，並因着注意到此種辨解知性之本性中之〔所遭遇的那種〕[2]偶然性，而被引至那原型知性之理念，而且此原型知性之理念亦並不含有什麼自相矛盾處：只要能表明如此所說之義便已足夠。

〔譯註(1)〕：

　　我們的辨解知性是做本知性，不是原型知性，故需要有影像或形像（image: Bild），始能接觸於具體現象，如範疇之有需於圖式（或規模 Schema），始能落實。故 Pluhar 之英譯於此作註云："原型知性必應呈現根源物（物之在其自己）；我們人類的做本知性則以「得自於我們的感性直覺」的那些影像或形像（知覺）之助，來呈現那些根源物底派生物（物之作爲現象者）"。案原型知性即是直覺的知性。由兩種知性，兩種直覺之對比，以明人類知性之特殊性，即在人類知性處，我們必遭遇偶然者，因而亦必涉及一目的；又在此人類知性處，全體爲依待於部分者，而非部分爲依待於全體者。此等思理皆甚爲精微而且玄妙，必須正視而精思，而且必須精熟儒釋道三教玄微之理境始能透澈明白，始知康德之玄言爲不虛。

〔譯註(2)〕：

　　案此爲譯者所增加，原文及三英譯皆無，他們皆只是"此種辨解知性之偶然性"。須知這不是說辨解知性有偶然性，乃是說人類的辨解的知性於特殊法則所管轄的種種特殊形態的現象方面一定要遭逢到一種偶然性，因而必涉及一目的（自然目的）始能期望其可以會通而歸於一。若不加上那幾個字，人必誤會成人類的辨解知性可以是偶然的，因而可有其偶然性，這便不通。

現在，當我們考慮一"物質的整全體"，並依照其形式（或形態）視此物質的整全體爲"由諸部分以及諸部分之力量與諸部分自身集聚成之能力（包括由原有的部分之互相合作的活動而引介進來的任何外來的材料以爲部分在內）而結成"的一個產物時，則我們在此路數中所表象給我們自己者便卽是"此整全體之一機械的產生"。但由此觀點而觀一整全體之產生，我們便誘導不出一當作"目的"看的整全體之概念，這一當作"目的"看的整全體須是這樣一個整全體，卽這一整全體之內在而固具的可能性顯然須預設一整全體之理念以爲諸部分之本性與活動之所依據者。但如此樣的當作一"目的"看的整全體便卽是"我們對於一有機體所必須形成"的一種表象。但如適所已表明者，我們並不可由此便歸結說：一有機體之機械的產生便是不可能的。因爲若這樣說，這必等於說："在雜多之絜和中去形成這樣一種統一之表象而又無須去使此統一之理念以爲此統一之產生之原因，卽無須去表象此產生爲有意設計成者"這一層意思爲對於任何知性而言是不可能的，或換言之，是自相矛盾的。可是同時，如果我們有權去視"物質的存有"爲"物之在其自己"，則此層意思便是我們事實上所必要去推出的一個結論。因爲在視"物質的存有"爲"物之在其自己"之情形中，那"構成諸自然形構底可能性之基礎"的統一性必應只是空間之統一性。但空間並不是事物底產生之一眞實的根據。空間只是事物之形式條件——雖然由這事實，卽："沒有空間中之部分能被決定，除其在關聯於空間之全體中，

（因此，空間全體之表象是處在部分底可能性之基礎地位而爲其根據）"這一事實而觀之，空間實有點相似於我們所要尋求的那眞實根據。但是空間既不是事物之眞實根據，如是，則以下所說之一點便至少是可能的，卽："去視物質世界爲一純然的現象，並去思考某種「不是一現象」的東西，卽去思考一「物之在其自己」，以爲此物質世界之基體"這一層意思便至少是可能的。而我們也可以把此基體基於一"與之相應"的智的直覺上，雖然這智的直覺不是我們所有的那一種直覺。這樣說來，對自然而言，且對"我們自己也形成其中之一部分"的那自然而言，一"超感觸的眞實根據"必可被獲得，雖不爲我們所可知。因此，那"在此種「作爲一感取之對象」的自然中爲必然的"每一東西，我們定可依照機械法則而評估之。但是諸特殊法則之一致與統一以及這些特殊法則之應有的諸附屬形態之一致與統一，我們必須認它們在關於機械法則中是偶然的事。此等偶然的一致與統一之事乃實是作爲一"理性之對象"而存在於"自然"中者，此自然乃卽是"依其完整性而爲一系統"的那自然。我們對於如此樣的那些偶然的一致與統一之事也一定要依照目的論的法則而考慮之。這樣說來，我們一定要依據兩種原則而評估自然。機械的說明模式必不會爲目的論的說明模式所排拒，儻若兩種原則爲互相矛盾者。

又，依兩原則以評估自然，此義供給我們以洞見，見到那"我們無疑或可很容易獨立地去猜測之，但我們却必覺得很難確定地去肯斷之或去證明之"的那東西。此義實把以下之義表明給我們，卽：雖然展現合目性的那些自然產物之一機械的引生之原則是與目的論的原則相一致，然而它却決無法使我們去廢除這目

的論的原則。我們可以把已知或待發見的一切機械的產生之法則
應用到“我們評估之爲一自然目的”的東西上去，即是說，應用
到一有機的存有上去，我們甚至也可希望在這樣的研究中，有很
好的進展，但是對這樣一種產物（即有機物）之可能性而言，即
對經由目的而成的因果性之可能性而言，我們却決不能不訴諸一
完全不同的另樣的產生之根源。要想希望由一機械的原因去了解
有機物之產生，甚至去了解一片草葉之產生，這對人類理性而
言，或對任何“性質上相似於我們人類理性，不管在程度上又如
何勝過我們人類理性”的其他有限理性而言，是完全不可能的。
因爲如果判斷力見到：因與果之目的論的連繫，對“像有機物如
一片草葉”這樣一個對象之可能性而言，即使只對“想在經驗底
指導下研究這樣的對象之可能性”而言，是完全不可缺少的，又
如果像這樣一個根據，即那“涉及於目的而對於當作現象看的外
在對象而言又是足夠的或適當的”這樣一個根據，全然逃避了我
們而不爲我們所發見，因而雖即此根據是處於自然中，我們被迫着
也要在自然之超感觸的基體中去尋求此根據（可是我們對於這超
感觸的基體却又無任何可能的洞見以悟入之）：如果是如此云云，
則想要在自然本身之手裏去得到任何說明以便去說明那“展現合
目的性”的任何結合，這必對我們人類而言是絕對不可能的。這
樣，依我們人類的知識機能之本性而言，“去在一作爲世界之原
因的根源知性中尋求此合目的性之終極根據”，這便成爲是必要
的了。

§78

物質之普遍的機械作用之原則與
自然之技巧巧妙中的目的論的原則之相聯合

"要謹記着自然於其諸產物中之機械作用，而在說明此諸產物中要對於這機械作用作適當的考慮"，這對於理性是無盡地重要的，因為若離開機械作用之原則，便沒有任何"見到事物之本性"的洞見可被得到。縱使同意有一最高的建築師依"事物從開始以來所依以有存在"的那樣式而已直接地創造出自然之種種形態，或已預先決定了那些"在其演化經過中很有規律地皆符合於同一類型"的東西：縱使是如此，這對於我們的自然之知識亦不能有絲毫推進。理由是如此，卽：我們完全無所知於"最高存有所依以活動"的那樣式，亦無所知於最高存有所有的那些理念，卽"自然萬有底可能性之原則被設想為含於其中"的那些理念，因而我們亦不能經由從上而下，卽先天地，由這最高存有來說明自然。另一方面，如果由於要依靠那合目的性，卽"如我們所信，那被發見於經驗底對象之形式中"的那合目的性，是故我們一定要從下而上，卽後天地，由這些經驗對象之形式開始，並由於要想去說明這樣的合目的性，是故我們一定要訴諸一"依照目的而活動"的原因：如果是如此云云，則我們的說明，簡單地言之，必應只是套套邏輯的（同語重複之分析的）。這樣一來，我們只是以詞語欺弄理性，更不要說這事實，卽：當由於訴諸這種說明，我們遂失落於超絕界，因而遂又越出自然科學底追求以外而迷失正途時，理性便不自覺地被誘惑而誤入於詩意的誇奢，而這詩意的誇奢乃正是理性之卓越的天職所要去阻止的。

另一方面，"在自然之產物中不要忽略目的之原則"，這亦同樣是理性之一必要的格言。因爲雖然目的之原則並不能使"這樣的自然產物所依以有其起源"的那模式對於我們爲更可理解，然而對"自然底特殊法則之研究"而言，它却是一啓發性的原則(a heuristic principle)。縱使以下所說已被了解，其在自然底特殊法則之研究上足爲一啓發性的原則，這一點亦仍然是眞的。所謂以下所說乃卽是如此者，卽：由於我們把我們自己嚴格地限制於"自然目的"這個詞語，是故甚至當這樣的自然產物顯明地顯示一有意設計成的合目的性的統一時，我們亦並不想爲了"解明自然本身"這種解明之意圖去對於此"目的之原則"作任何使用，那就是說，在說及自然目的時，我們亦並不想越過自然之界限以追求那些產物底可能性之根源。縱使此義已被了解，那目的之原則在自然底特殊法則之研究上足爲一啓發性的原則，這一點亦仍然是眞的。但是，因爲那些作爲"自然目的"的產物底可能性之問題遲早總須被碰見，所以去爲之思議一特種因果性（不能被發見於自然中的一種因果性），這乃是必要的，其爲必要亦恰如去允許"自然原因之機械活動有其特殊的類型"之爲必要。因爲在"物質經由機械作用所能產生"的那些東西以外，我們總須承認有千差萬別的形態之不同；光只承認尙不足，這種承認且必須因着某種原因之自發性而被補充（這某種原因既有其自發性，是以它不能是物質），因爲此種有自發性之原因若不存在，則沒有理由可以爲那些千差萬別的不同形態而被指定出來以明其何以故是如此。當然，理性在其採取 "以某種原因之自發性作補充" 這一步以前，它必須有其應有之警戒，而且亦決不要想去說明每一自然之技巧皆爲目的論的。所謂自然之技巧意卽自然之形構能力，此一形構能力，像在有規則地構成物體之情形中所表現的那樣，它實對我們的純然的領悟力（apprehension）而展現了結構之合目的性。雖卽如此，理性亦應警戒其自己，不要想對於每一自然之技巧，卽每一如此樣的自然之形構能力皆作目的論的說明。正相反，理性必須應繼續去視這樣的技巧爲依據純然的機械原則而可能者。但是若因而竟至於 "去排除目的論的原則，並想總是去保持純然的機械原則，甚至當理性在其研究「諸自然形態所依以因着其原因而被使成爲可能」的那樣式中，見到：關涉於另一類型的因果性這樣一種性格之合目的性是不可否決地顯然的時，也仍然要去排除目的論的原則，並想去保持純然的機械性的原則"，這也同樣是不科學的。這種不科學的態度不可避免地要使理性轉成那些 "只是腦筋之蜘蛛網而且是完全不可思議" 的諸自然能力間的一種流浪的探險隊，這恰如那 "不注意自然之機械作用" 的純然目的論的說明模式之使理性成爲空想的一樣。

此兩原則並不能夠當作兩個 "有利於由他物以說明此一物或推演此一物" 的對等並列的原則或眞理而聯合地被應用於自然中之同一事物。換言之，此兩原則並不是依如此之路數，當作斷定性的與構造性的原則而被聯合起來以供給出決定性的判斷力方面的悟入於自然之洞見。舉例言之，如果我設想：蠅的幼蟲（蛆）

被看成是物質之純然機械作用之一產物，即是說，被看成是一如下那樣的一種新的形構過程之一產物，即"一自體物當其成素是處在其解體後那樣的結局時，它便可只因着其自己之無他助的資源而把這產物生出來"這樣意義的新的形構過程之產物：如果我設想蠅之蛆蟲被看成是如此樣的一種新的形構過程（實即一純然的機械作用）之一產物時，我便不能再轉回來而由當作一"依目的而活動着"的因果性看的同一自體物而引生出這同一產物。反之，如果我設想此產物是一自然目的時，那麼，我便不能再信賴其機械的產生，或採用此機械的產生爲一構造原則以便在關於此產物之可能性中評估此產物，因而這樣遂以爲可把這兩原則聯合統一起來。因爲在此兩原則中，每一說明模式皆排拒另一說明模式。縱使設想：客觀地說來，這樣一個產物底可能性之雙方的根據皆基於一簡單的基礎上，（設若此基礎不曾是我們所已想及者），那兩種說明模式亦是互相排拒的。那"使以上所說在評估自然中作爲被遵循的原則的那一對原則底相容性爲可能"的那一個原則，它必須是被置於那"處在此兩者之外，（因而結果也就是說，處在自然之可能的經驗表象之外），而雖處在其外，然而却猶含有自然底表象之根據"的那個東西中。換言之，它必須是被置於超感觸的東西中，而那兩種說明模式之每一模式皆必須關涉於此超感觸的東西。現在，我們對於此超感觸的東西所能有的那唯一概念便是這樣一個根據，即"使依照經驗法則評估自然爲可能"這樣一個根據之不決定的概念。越乎此，我們不能再前進一步：我們不能經由任何謂詞更進一步地來決定此根據之概念。因此，隨之而來者便是：那兩原則之聯合諧一不能基於這樣一個說明之基礎，卽那詳盡地去展示"一產物如何依照特定法則而可能，因而遂可去滿足決定性的判斷力"這樣一個說明之基礎上，但只基於那"爲反省判斷力而闡明此可能性"這一簡單的闡釋之基礎上。因爲所謂"說明"是意謂由一原則而來的引申或推演，因此，此一原則必須能夠清楚地被認知並能清楚地被詳明。現在，自然底機械作用之原則以及自然之依照目的而成的因果性之原則，當此兩原則應用於同一自然產物時，它們兩者必須在一簡單的較高原則中聯合於一起，而且亦必須從此較高原則中流出以此較高原則作爲它們兩者的共同根據，因爲如果不如此，則它們兩者必不能一致地（並存地）進入於同一的自然之觀察中。現在我們說此一簡單的較高原則乃是客觀地公共於那兩原則者，因而我們又說此一較高原則復亦足以證成自然研究中諸格言之聯合（所謂諸格言乃卽是那些依待於此較高原則的格言）。但是，如果如此說的這一簡單的較高原則是這樣一種原則，卽：雖然它可以被指述，然而它却決不能在所發生的特殊情形中的使用上確定地被認知或清楚地被詳明：如果那一簡單的較高原則是如此樣的一種原則，則便沒有說明能夠從這樣一種原則中被抽引出。換言之，茲不能有一"依那兩異質的原則而可能"的一個自然產物底可能性之清楚而確定的引申或推演。現在，那"一方旣公共於機械的引生，一方又公共於目的論的引生"的那個原則是屬超感觸界者，我們必須把它引介出來作爲自然之基礎（自然乃卽當作現象看的那自然）。但是，關於此屬超感觸界的原則，我們不能從一理論的（知解的）觀點去形成一點點積極而決定性的概念。因此，依此超感觸界者之作爲原則，自然在其特殊法則中如何能對我們構成一系統，而此一系統又是這麼一個系統，卽 "它既能夠依據「由自然原因而產生」之原則而被認知爲可能，又能依據「由目的因而產生」之原則而被認知爲可能" 這麼一個系統：自然在其特殊法則中如何能構成這麼一個系統，這是一種 "不允許有任何說明" 的事。一切我們所能說的是如此，卽：如果自然之對象呈現其自己，其可能性，除非我們亦依賴目的論的原則以思之，否則它亦不能夠依據機械作用之原則而爲我們所思議（機械作用之原則在自然存有上總有一要求〔要求於被應用之要求〕）：如果自然之對象之可能性是如此云云之情形，則以下之情形亦須被假定，卽：我們可以極有信心地遵循兩原則之線索（卽比照 "自然產物之可能性由此一原則或彼一原則而對於我們的知性爲可認知" 之義）來研究自然法則，而我們之這樣來研究自然法則卻亦並沒有爲那 "發生在「我們的自然之評估所依以被形成」的原則間" 的似是而非的衝突所困擾。因爲我們至少可以保證有這兩原則被消融於一簡單的原則中之可能性，甚至客觀地說，亦可以保證其被消融於一簡單原則中之可能性，蓋因爲此兩原則是處理現象的，而現象則預設一超感觸的根據（案卽預設一屬超感觸界者以爲根據）。

由上我們已知：自然之機械作用之原則以及自然之目的論的技巧或意匠設計的技巧之原則，由於它們兩者皆有關於同一產物以及此同一產物之可能性，是故它們兩者亦同樣皆可以隸屬於一公共的較高的自然之原則（這所謂 "自然之原則"，此中之 "自然" 是特殊法則中的自然）。縱然如此，由於此一較高的自然之原則是超絕的，是故我們的知性之狹小的能力是這樣的，卽：上說之隸屬並不能使我們去把這兩原則聯合統一於同一自然產物之說明中，即使如在有機體之情形中當一產物之內在可能性只有藉賴着一種依照目的而成的因果性始為可理解的時，亦然。因此，〔在此有機體之情形處〕我們必須緊守着上面所給的那目的論底原則之陳述。這樣，我們說：依照我們人類知性底構造（本性）而言，除那些"經由設計而活動着"的原因外，沒有任何其他原因可被採用以為自然中有機存有底可能性之根據，而自然之純機械作用則是完全不足以去說明這些自然之產物的；而我們又可加說這層意思，即：此適所說者亦並不意想在關於這些有機物自身之可能性中，經由那目的論之原則去決定任何什麼事。

我們的意思是說：此目的論之原則只是反省性的判斷力之格準，並非是決定性的判斷力之格準。因此，此目的論之原則只是主觀地對我們人類而言是有效的，並不是客觀地要去解明這類事物本身底可能性〔另兩譯：並不是客觀地對這類事物本身底可能性而言是有效的〕，在這類事物本身處，兩種產生方式很可一致地由同一根據而發〔另兩譯：很可在同一根據中被聯合起來〕。復次，除非目的論地思議的產生方式為一相伴而起的(共在的)自然之機械作用之概念所補充，否則像有機物這類的產物決不能被評估為是一自然之產物。因此，我們見到：上說的格準（即反省性的判斷力之格準）直接地包含有："兩種原則之聯合於作為自然目的的事物之評估中"之必然性。但是，此種聯合並不是指向於要以此一原則，全部地或部分地，代替另一原則。因為在那"至少被我們視為只有因着意匠設計始可能"的那種東西之範圍內，機械作用不能被假定；而在那"依照機械作用而被認知為必然的"那種東西之範圍內，則那偶然性, 卽像"需要一目的以爲其決定根據"這樣的偶然性亦不能被假定。正相反，我們只能將此一原則隸屬於另一原則， 卽是說， 使機械作用隸屬於設計的技巧。而依據自然底合目的性之超越原則而論，這是很容易被作成的。

因爲當目的被思爲某種事物底可能性之根源時， 手段（工具）也必須被假定。現在，一個工具底"有效因果性之法則"，以其本身而論，它很可不需要有任何"預設一目的"的東西，因而結果也就是說，它很可既是機械的，但又尙可是一有意設計成的結果底一個"從屬因"或 "次要因"（subordinate cause）。因此，設若我們只注意有機的自然產物，尤且設若我們爲這樣的產物底無盡繁多所激勵，我們至少依一可允許的假設，在那遵循特殊法則的諸自然原因之連繫中，繼續不斷地去採用"意匠設計"之原則以爲關於"自然全體"卽關於"世界"的反省判斷力之普遍原則：設若我們是如此云云時，則我們便能很容易地想像自然底產生過程中機械法則與目的論的法則之一廣大無邊的甚至普遍的互相連繫。在這裏，我們對於這樣的產生過程所依以被評估的那兩種原則既未予以混擾，亦未予以換位（對調或以此代彼）。因爲，在一目的論的評估中，縱使物質所自取 [1] 之形式被評估爲只經由"意匠設計"而可能，然而物質本身，就其本性而論，則仍可以依照機械法則，當作一種工具，而被隸屬於那所表象的目的。同時，因爲此兩原則底相容性之基礎既不存於此原則，亦不存於彼原則，既不存於機械作用， 亦不存於合目的連繫， 但只存於"我們對之一無所知"的那自然之超感觸的基體，因爲是如此云云， 是故對我們人類理性而言，"表象有機體這樣的對象底可能性"之兩種模式是並不可混融而爲一的。正相反，對於這樣的對象底可能性，我們除只依目的因底連繫評估之爲基於一最高的知性外，我們不能有別法以評估之。這樣說來，目的論的說明模式是決無法被損害或被消除的。

〔譯註(1)〕:

案"物質所自取之形式"，自取，德文是"annimmt"，相應的英文字是" assumes"， 但這字在德在英俱有不同的意義。 若主詞是人，則一般譯爲假定、認定、擅定、擅取，採取、採用、承攬，等義，隨文而定。若主詞是物，則不能以此等字譯之，蓋物或物質無所謂假定也。故此字隨文亦有顯出、帶有、具有等義。今隨文譯爲"自取"。自取，出自莊子，齊物論云:"夫吹萬不同， 咸其自取也，怒（努）者其誰耶"。夫吹萬不同， 皆是它們各自取其如是這般不同的形態（形式），努發而使之如此者其誰耶？此暗示自然如此， 此即莊子所謂天籟。道家並不評估此吹萬不同爲經由"意匠設計"而然者，並不依目的因之連繫評估之爲基於一最高的知性者。儒家亦並不如此推想， 並不視有機物爲自然目的而由意匠設計而然者， 雖即如康德所云，如此視之只是反省地視之，這亦並不必要。但儒家却很可以把天地萬物（吹萬不同）皆道德形上學地視之爲天命道體之所創生。而以氣化完成之，此中即含有兩原則之共存，而目的原則之應用處則只以氣化之巧妙視之，而並不以自然目的之視之。此見中國傳統與康德所繼承而批判地處理之的西方傳統有所不同，而亦有可相通處。中國的智慧傳統並未像西方那樣的執實。在氣化宇宙中，因無科學的機械觀，故亦無嚴格的有機觀，然 "氣化" 一詞兩面俱通，固甚妙也。

但是，"自然之機械作用，作爲一種工具，其貢獻於自然中之每一合目的的意匠設計者有多少"這是一未決的問題，而且對我們人類的理性而言，這總必須永遠仍是一未決的問題。又，由於注意到上面所提到的自然一般底可能性之智思的原則（案即超感觸的根據）之故，我們甚至可以假定說：自然在一切方面皆依據兩種普遍地相諧和的法則，即物理法則與目的因之法則，而可能，雖然我們完全不能見到如何是如此。因此，我們也不知："對我們爲可能"的那機械的說明模式究可以深入到如何遠。[1]只以下一點是確定的，即：不管在使用此機械的說明模式中我們可有多少成功，此機械的說明模式必須總是對那些"我們一旦確認之爲自然目的"的事物而言仍然是不適當的（不足夠的）。因此，依我們的知性之本性而言，我們必須把這樣的機械根據盡皆隸屬於一目的論的原則。

〔譯註[1]〕：

案此句說得鬆了。其實當該這樣說：凡現象範圍內，空間所表象範疇所決定的物質方面皆可用機械的說明模式以盡之。即使在有機物方面，此方式不足夠，不適當，這也不是很嚴格的、絕對的，因爲那自然目的之觀念，目的論的說明模式，也只是反省判斷上的，不是決定判斷上的，即也不是客觀地很嚴格的、絕對的。案此當依中國的"氣化宇宙"之觀點以疏通之。"氣化"，粗者通機械，精者通有機。通有機則巧妙，方便地以自然目的說之，非實說也。

現在，這裏即存有一"合法的權源"，而由於在我們的理性之理論的（知解的）使用上，依據機械作用之原則之線索而成的自然研究之重要之故，這裏同時亦卽存有一 "職責之源"。〔意思是說〕： 我們〔有權〕可以而且〔職分上〕一定要依據機械的線索，盡我們的力量之所及（而且當把我們的力量限於此種研究之追求中時，我們亦不可能去指定我們的力量之界限）， 去說明一切產物以及自然之事件，甚至亦說明最合目的的產物與事件。但在如此說明時，我們也必須不要忽視這事實，卽：在這些自然產物與事件中，有這麼一些產物與事件，卽 "除在一理性底目的之概念下，我們甚至不能把它們付諸研究" 這麼樣的一些產物與事件。如果我們顧及我們的理性之本質的特性，不管那些機械的原因爲如何，我們被迫着在最後不得不把上句所說那麼樣的一些產物與事件隸屬於那依照目的而成的因果性。

附　錄
（此兩字爲二版所加）
目的論的判斷力之方法學
〔判斷力之表現爲目的論的判斷之方法學〕

§79
目的論是否必須被視爲
自然科學之一支

　　每一門學問必須在完整的學問之大全中有其一定的位置。如果這門學問是一哲學的學問，則其位置必須或在理論分（知解分）中被指派給它，或在實踐分中被指派給它。又，如果這門學問的地位存在於理論分中，則被派給它的那位置必須或存在於自然科學中（當這門學問考論那"可爲經驗之對象"的事物時，則其如此被派給之位置是其恰當的位置），因而結果也就是說，必須存在於物理學，心理學，或宇宙學中，或不然則便必須存在於神學中（神學被看成是世界底根源之學，而所謂世界乃卽是那當作一切經驗底對象之綜集看的那世界）。

　　現在，這問題便發生，卽：目的論應得什麼位置？它是恰當地所謂自然科學中之一支呢？抑或是神學中之一支？它必須或是此一學問中之一支，或是另一學問中之一支；因爲沒有一門學問可屬於"從這一門學問過轉到另一門學問"這種過轉者。何以故？
蓋因為過轉只指表系統之關節或組織，並不指表系統中之一位置。

"雖然對於目的論在神學處所可作的使用是很重要的，然而
它却並不形成神學底一構成部分"，這是甚為顯然的。因為目的
論底對象是自然的產物以及自然產物之原因；而雖然目的論之指
點此原因可以指點到那當作一處在自然以外並以上的根據看的原
因，即是說，可以指點到那當作一神性的創造者看的原因，然而其
如此指點並不是為決定性的判斷力而如此指點。它只在那"從事於
通覽自然或默識自然"的反省判斷力之興趣中指點到此種原因，
其指點到此種原因之目的乃是想望在一"適宜於我們人類知性"的
樣式中，藉賴着這樣一個根據之理念，作為一軌約原則，來指導
我們的對於世界中的事物之評估。

但是目的論似乎同樣也不能去形成自然科學之一部分。因為
自然科學是為"指派物理結果底客觀根據"之目的而需要有決定
性的原則，而並非只需要反省性的原則。又，事實上，自然之理
論，即經由有效因而成的自然現象之機械的說明，也決無法因着
"依照目的之互相關係而考慮現象"之辦法而得到什麼好處或助
益。自然在其產物中皆可「安排上一自然之目的」。[1]只要當這
些所安排的自然目的依照目的論的概念形成一系統時，則這種安
排[1]嚴格地說來，實只屬於一種自然之描述，這一自然之描述
乃是遵循一特殊的指導線索而成者。在這種描述中，理性實作了
美好的工作，而這美好的工作，從各種觀點來看，是富有"實踐
的合目的性"的一種工作。但是關於"這些〔自然目的之〕形式
或形態底起源與內在可能性"這一點，理性在那種描述中所作的

美好工作却並沒給出什麼消息或知識。可是這一點却正是理論的（知解的）自然科學所特別關心者。

〔譯註(1)〕：案此依原文譯 Meredith 譯非是，故不從。

因此，目的論，依一門學問之形式而言，它畢竟不是一種主張（正辭斷義 doctrine），但只是一種批判，且是一特殊的認知機能（卽判斷力）之批判。但是，它實含有先驗的原則，而就其含有先驗原則而言，它能去詳明而且事實上亦必須去詳明那方法，卽"自然所由以必須依照目的因之原則而被判斷"的那方法。依此而言，目的論底方法學至少在那被採用於理論的（知解的）自然科學中的程序這一方面發揮了消極的影響。同時它亦影響了此門學問（卽目的論這門學問）對於神學所可有的那種形而上的關係，當此門學問被視作是對於神學的一種預備或前奏時。

§80
在一物之被視爲一自然目的者
之說明中
機械原則必須隸屬於目的論的原則

"我們之意想只依單純的機械線索來對於一切自然產物作說明"這種意想之權利其自身是完全無限制的。但是我們的知性，當其依 "自然目的" 之形式而有事於事物時，其性格實只如此，卽：我們之 "由單獨的機械說明之辦法來應付一切要求" 之能力不僅是十分有限的，而且亦是被環圍在很清楚地標識了的界限之內的。因爲經由 "只採用機械說明之辦法" 的那判斷力之原則，沒有什麼事能在"說明自然目的"之路數中可被完成。爲此之故，我們的對於那當作自然目的看這樣的產物之評估「必須同時總是要被隸屬於一目的論的原則」[1]。

〔譯註(1)〕：

　　案此依德文原文譯。依 Meredith 之英譯，當爲：「必須在一切時要被隸屬於一協力共存的目的論的原則」(a concurrent teleological principle)。此固亦可。Bernard 之英譯如康德原文。Pluhar 之英譯則爲：「必須總是要被隸屬於一目的論的原則」，"同時"(zugleich) 一詞則被略去，亦可。

　　因此，茲實有理由，而且實在說來，茲實有功績，去爲"說明自然產物"之故而追求自然之機械的作用（只要當如此作而有或然的成就時）；而且如果我們要放棄此企圖，則事實上決不是依據"沿此機械作用之途徑去見到自然之合目的性，這根本不可能"之根據而放棄之，乃實只依據"沿此機械作用之途徑去見到自然之合目的性，這只對我們人類而言是不可能的"之根據而放棄之。因爲要想沿此研究之途徑（線索）去見到自然之合目的性，我們定需要有一種直覺不同於我們的感觸直覺，而且亦定需要對於如下那樣的"自然之智思的基體"，卽"甚至由之我們卽能表明現象之在其特殊法則中之機械作用之理由或根據"這樣的"自然之智思的基體"，有一決定性的知識。但是要有一"不同於感觸直覺"的直覺並要對於如如上說那樣的一個智思的基體有一決定性的知識，這乃完全越過我們的能力之外者。

　　因此，"當自然目的之概念應用於事物（如在有機存有之情形中）"已毫無疑問地被建立起時，如果自然主義者不想白費氣力，則他必須在形成對於這些事物之評估中要承認某種根源的有機組織或其他有機組織以爲基本。他必須考慮：此根源的或其他有機組織其自身即爲"產生其他有機形式"之目的而利用上說之機械作用，或爲"由已有的結構而想開展出新的結構"之故而利用上說之機械作用。（但是所謂利用機械作用開展出新的結構，這新的結構却總是由所說之自然目的而發出，或依照所說之自然目的而發出）。

"去應用一比較解剖學，並去詳歷廣大的諸有機存有之創生，以便去看看是否在此廣大的創生中不可發見一點系統之痕迹，實卽是否不可發見一點遵守一發生學的原則而成的系統之痕迹"，這乃實是可稱讚的事（很好的事）。因爲若非然者，我們定須以純然的評判性的原則爲滿足（此評判性的原則實不能告訴我們什麼事足以對於有機存有之產生給出任何洞見），而且定須在失望中去放棄一切要求——"要求洞見到此有機存有領域中之本性"之要求。當我們考慮如許多的動物種類在一共同模式中相契合時（此一共同模式顯然好像不只是爲這些動物底骨骼之結構之基礎，且亦是這些動物之其餘部分底布置之基礎），並且當我們在這裏見到那根源的設計之可驚的單純性時（那單純的根源設計曾因着這一肢體之縮短與另一肢體之加長，這一部分之退縮與另一部分之發達，而能夠產生如此繁多的種目之變化），這便在心靈上發出一線希望之光（不管這光如何薄弱），卽希望：自然底機械作用之原則（無此原則，不能有自然科學）猶能使我們在有機生命之情形中去達到某種說明之程度（去完成某種事）。不管這些〔有機生命之〕形式間有若何差異,此諸形式間之類比似乎是依照一共同的類型而被產生出來,如此被產生出來的諸形式間之類比加強了這猜測,卽.此諸形式由於從 公共的雙親而傳下來,是故遂有一現實的親屬關係。關於這層意思,我們可以依"此一動物種類之漸近似於另一動物種類"這種逐漸近似而追踪之,可以從"目的之原則在其中似乎最能被眞實化"的那些東西中而追踪之,卽是說,我們可以從人回到水螅(polyp 水產小動物), 再從水螅甚至回到苔蘚(mosses)與地衣(lichens), 而最後再回到最低級而可覺察到的自然之階段,而追踪之。而在此最低級而可覺察到的自然之階段處,我們達到了粗糙的物質;而全部自然之技巧似乎卽是由這粗糙的物質以及此物質依照機械法則(相似於物質在形成結晶體中之活動所依的法則)所發散出的力量而被發展成,而這樣被發展成的全部自然之技巧在有機存有之情形中對於我們是如此之不可理解以至於我們遂覺不得不在其說明上想像一全然不同的另一原則(卽不同於機械原則的目的論的原則)。

在這裏,自然之考古學家直可以回到自然之最早期的變革時所留下的痕迹,而且由於訴諸一切其關於自然之機械作用所知者或所能猜測者之故,他復可以去追尋那有生之物底偉大族系之起源(因爲如果上面所提到的那一致地貫通的親和性要有任何基礎,這些有生之物必須被描畫爲一個族系)。他能設想: 母土之子宮當其開時孕育時,就像一巨大的動物一樣,它從其混沌的狀態生出有生之物(這些有生之物之形式並不甚表現合目的性), 而這些有生之物復能生出其他有生之物(這些其他有生之物更能圓滿地使其自己適應於其本土的環境以及其互相間的關係), 直至此子宮，由於變成硬固而骨化或僵化，是故遂把其產生限制於確定的種目，不可能再有進一步的變形，而當有成果的形構力之運作已停止時，則形式之複多性遂如其所是而被固定化而不可復變。可是，雖然如此，那自然之考古學家却仍然終於被迫着把那"爲了這些生命形式而適當地被構造起"的有機體或有機組織歸屬給此普遍共同的母親，因爲倘若不如此作歸屬，則動植物王國之產物之合目的性的形式底可能性是完全不可思議的 (1)。但是， 當他這樣把這一切都歸屬給此共同的母親時，他只是已把這說明之根據更向後退回一步而已。他不能自以爲已使動植物兩王國之起源獨立不依於目的因之條件而卽爲可理解。

〔原註(1)〕：

康德在此有註云：

如此作歸屬這一種假設可以說爲是理性方面的一種大膽的冒險；而且大概言之， 很少人不曾發生有此種想法， 卽使最敏銳的科學家間，亦很少不曾有之。因爲像"異生"(generatio aequivoca) 這種產生不能被說是背理的。所謂"異生"，其意就是"由粗糙的非有機的物質而生出一種有機的存有"這種產生。可是這樣的"異生"仍然是最廣義的"同生"(generatio univoca)，因爲它只函蘊說：某種有機物是從某種別的仍是有機的東西而生出，雖然在"有機存有類"範圍內，此某種別的有機的東西在種目上是不同於其所生出者。此情形必好像我們所想像的這情形，卽：某種水產動物把它們自己逐漸轉化成沼地動物，而經過若干世代後，又從沼地動物逐漸轉化成陸地動物。依單純平易的理想之判斷而言，此情形並無什麼先驗的自相矛盾處。只不過經驗尚未給出此種情形之例證而已。正相反，就經驗之所及而言，我們所知的一切產生是"同質的產生"(generatio homonyma)。一切產生不只是"同生"（此同生對反於由一非有機的本體而生之"異生"），而且它還產生這樣一種產物，即此產物在其有機組織中是十分類似於那產生之者；而在我們的經驗之範圍內，一"異質的產生"（generatio heteronyma）從未被發見於任何處。〔案此即所謂龍生龍，鳳生鳳，雞蛋從未生出石頭來。普通所謂"異生"實只是最廣義的"同生"，只不過常轉化成同類下的不同的種目而已。〕

甚至就有機種類底某些個體所偶然經歷的變化而言，當我們見到如此變化了的性格被遺傳下來而且被吸納於生殖力中時，我們只能這樣評估說：這偶然變化了的性格實只是那"原存於種族中而以族類之保存爲目的"的一種有目的的能力（性能）之因緣湊巧的發展而已：我們除這樣評估之外，我們不能對它們形成其他更爲貼切而講得通的評估。因爲在一有機的存有之完整的內部的合目的性中，此有機存有之同類的產生是與以下所說之情形（原則）密切地相連繫的，即：凡被吸納於此有機存有之生殖力中者實皆應在這樣一個目的之系統中屬於此有機存有之未發展出的本有性能之一：決無什麼既被吸納於此有機存有之生殖力中而又不在一目的之系統中隸屬於此有機存有之未發展出的本有性能之一者。一旦我們離開此原則，我們便不能確然知道眼前被發見於一"種目"中的那形式之許多構成成分是否不可以同樣是偶然的而且同樣是無目的的起源的，而且如下所說這樣一個目的論之原則，即"在被保存於種族之繁衍中的一個有機存有中，沒有什麼東西應須被評估爲空無目的的"這樣一個目的論之原則，必會被弄成是不可信賴的，而且它只能對原始的雙親（如亞當夏娃）而言才有效，而我們的知識却並不能追返到這種原始的雙親。

有些人覺得在一切這樣的自然目的之情形中必須去採用一目的論的評判之原則，卽是說，必須去採用一建築性的知性。在回答這些人的這種想法中，休謨發出這異議，卽：一個人可以同樣很公平地去問：這樣一種建築性的知性其自身又如何是可能的？

休謨發此疑問，其意是說：一個人可以問："在同時具有理智能力與執行能力這樣一種知性之概念中預設有許多能力與特性，而這些能力與特性在一個存有中一定又有這樣一種目的論的協和一致"，這如何是可能的呢？ 但是在如此發問中這並無什麼意義可言（實是空洞無謂的）。因為問題是一個關於"含有目的而且亦只有藉賴着目的而始為可理解"這樣的一物之起源之問題，而纏繞着這個問題的那全部困難是基於這樣的要求，卽："在此產物中的互相外在地存在着的種種成素底綜和之根源中要求統一"這種要求。因為如果這根源被安排於一"被視為是一單純本體"的產生性的原因之知性中，則上說的那個問題，當作一目的論的問題看，是早已充分地被解答了的；而如果這原因是只在物質中被尋求，（物質是當作許多互相外在地存在着的實體物之一集合體看的物質，如果原因是只在這樣意義的物質中被尋求），則此物質底諸複雜結構之內在而固具地合目的性的形式上所需要的那"原則之統一"是完全不存在的。而所謂"物質之專制"（autocracy of matter），卽那些"依我們的知性而言，只當作目的看始為可思議的"諸產物中的這"物質之專制"，實是一無意義的詞語。

以此故，遂有以下之情形，卽：有些人他們想尋求物質之客觀地合目的的形式底可能性之一最高的根據，然而他們却不同意把一種知性歸給此最高的根據，如是，他們遂想使 "世界全體" 或者成爲一無所不包的本體（泛神論），或不然，則使 "世界全體" 成爲由那些 "附着於一簡單的單純本體中" 的許多決定而成的一個複合體（斯頻諾薩主義），此一想法只是前一想法之較爲更確定的形式。這些人的目的是想由此本體中引申出一切合目的性所預設的那"根源之統一"。而事實上，幸虧他們有一單純本體這一純粹存有論的概念，是故他們實在也做了某種事以滿足所說的問題中之此一條件，卽在關涉於一目的中所函蘊的那〔根源底〕統一這個條件。但是他們在另一條件之問題上却並沒有作什麼事，這所謂另一條件卽是這一種關聯，卽 "本體之關聯於其當作一目的看的後果" 之關聯，這一種關聯卽是那 "把問題所要求的那更爲準確的決定給與於他們的存有論的根據"者。他們對於這樣一種關聯之問題却並沒有說出什麼事，因此，他們遂無法回答此全問題。復次，就我們的知性而言，那全問題除依據以下所說之條件外，它仍然是絕對不可解答的。第一，事物之根源必須被我們描畫爲一單純的本體。其次，第二，作爲一單純的本體，此本體之屬性，卽在此本體之關聯於那些 "以彼爲根源" 的諸自然形式之特殊性格（卽合目的性的統一之性格）中此本體之屬性，必須被描畫爲一睿智的本體之屬性。最後，第三，" 此睿智的本體之關聯於諸自然形式"之關聯必須被描畫爲因果性之關聯，其所以須如此被描畫是由於偶然性而然，偶然性乃卽是我們在那"我們想像其爲可能是只當作一目的看才可能"的那每一東西中所見到的那偶然性。

§81

機械作用與目的論的原則相聯合

此目的論的原則乃卽是 "我們所用以說明那 「被視爲是一自然之產物」的自然目的" 者

由前我們已見到: 自然之機械作用並不足以使我們去思議一有機存有之可能性,而依此機械作用之根源而言,此機械作用必須被隸屬於一個"經由意匠設計而活動着"的原因, 或至少我們的認知機能之類型是這樣性質的, 卽它使我們必須思議此機械作用爲如此被隸屬者。但是一有機存有這類的存有之純然目的論的根源亦同樣很少能夠使我們去把此有機存有旣考慮並評估之爲一個目的, 同時又考慮並評估之爲一自然之產物。我們必須進一步把自然之機械作用當作如下所說那樣一個原因底一種工具而使之與那目的論的根源相聯合: 所謂如下所說那樣一個原因卽是這樣一個原因, 卽它一方依意匠設計而活動着, 而同時另一方面它又默識一個目的, 而自然卽被隸屬於這個目的, 甚至機械法則中的自然亦被隸屬於這個目的: 我們必須把自然之機械作用當作是如此般的一個原因底一種工具而使之與那目的論的根源相聯合。自然之在其普遍的合法則性中之因果性是一種因果性 (卽知性依因果範疇所知的那機械的因果性), 而由這樣一個理念, 卽 "它把自然限制於一特殊的形式, 而自然, 如其爲自然, 却決無法是此特殊形式之根源" 這麼一個理念所領有的那因果性又是另一種因果性 (卽由意志目的而來的實踐的因果性)。 這兩種完全不同型的因果性之如上所說那樣的聯合起來底可能性是某種我們的理性所不能理解的事。因為這種聯合底可能性〔之根據〕是處在自然之超感觸的基體中，關於這超感觸的基體，我們對於它不能夠去作任何較確定的肯定，我們只可說它是一"自身潛存的實有"（一在其自己的存有），關於此實有或存有，我們只知其現象。可是，縱然如此，以下所說那個原則仍然有其充分而不被減少的力量，卽："我們所假定之以形成現象性的自然之部分並假定之是自然之產物"的那每一東西皆必須依據機械法則而被思為與自然相連繫。因為，若離開此種機械的因果性，則諸有機的存有，雖然它們是自然之目的，然而却決不會是自然之產物。

現在，設我們已採用了有機存有底產生之目的論的原則（我們實不能不採用），如是，則我們可以把這些有機存有之內在地合目的性的形式之基礎或者放在原因之"隨機適時論"（機會論 Occasionalism）上，或者放在原因之"預先前定論"（預定諧和論 pre-establishment）上。依照"隨機適時之機會論"而言，世界之最高原因必會在每一受精孕育之機會上，蓋上其理念之印記，直接地把有機性的形構供給給那些"在產生過程中相聯合"的交合實體。依據"預先前定之系統"而言，那最高原因必只以內在而本有的能力賦給其智慧之〔所創造的〕原始產物，藉賴着這所創造原始產物之所賦得的內在而本有的能力，一有機存有自可隨類而產生另一有機存有，而族類遂亦得保存其繼續的存在，而同時諸個體之消失永遠可以通過那"同時從事於此等個體之解體"的一種自然之動作而得補償。如果有機存有之產生之隨機適時之機會論被假定，則產生過程中一切自然之合作必完全喪失而無餘，而在判定此類產物之可能性中，亦必無"餘地"為理性之運用而保留。如是，我們自可說：沒有人，他若想對於哲學要作一點什麼事，他將會採用"隨機適時之機會論"這種說法的。

又，"預先前定論"也可以任取其兩形態中之任一形態。這樣，它可以把每一"從其自類之一分子而生出"的有機存有或視作其自類之一分子之"引出物"（educt），或視作其自類之一分子之"產生物"（product）。那視產生出的存有為"引出物"的說法被名曰"個體先成說"（system of individual preformation），或有時亦名曰"演化說"（theory of evolution）；而那視產生出的存有為"產生物"的說法則被名曰"新生論"（system of Epigenesis）。此新生論亦可名曰"種類先成說"（system of generic preformation），因為它在關於那"必應是原始雙親之所禀賦"的那內在的合目的性的傾向中，視雙親之生產力，因而也就是說，視"種目"之專有形態，仍為事實上已經先成了的。依據此"種類先成說"之說法，那與之相對反的"個體先成說"也可以更適當地被名曰"內包說"（theory of involution 或"套入說"theory of encasement）。

"演化說"底提倡者使一切個體皆脫離"自然之形構力"，其所以如此，目的是在想從"創造者"之手裏直接地把一切個體引生出來。可是，他們尚不至冒險依據機會論之假設去描畫個體之出現，以至遂使受精孕育（impregnation）成為一種無謂的例行儀式，這例行儀式是只當"世界底一個最高的睿智的原因已決心直接以其自己之手去形成一個胎兒而只把養育胎兒之工作付託給母親"時便被舉行。他們尚不至採取如是之機會論，他們必會聲言歸依於"先成說"；因而有機存有這樣的形態之超自然的起源是否被允許是在世界歷程之開始時起作用，抑或是在世界歷程之經過中起作用，這似乎並非是一不相干之事。他們固看不到以下一點，即：事實上，全數超自然的設計必會爲機緣所引起的創造活動所省免（如果一個在世界開始時已形成的胚胎須從自然之破壞力中被保存下來，而且又須通過長久的年代保存得很好而無傷害，直至其有發展之時爲止，如果是如此云云，則那種隨緣的創造活動必是必要而不可缺少的），而且他們同樣又亦看不到以下一點，即：一不可計數地更大數目的先成物必會被創造出來，即比那注定被發展出來者之數目爲更大者要被創造出來，而一切這些更大數被創造出來的先成物必會是如此之多的創造物以至於它們被弄成是多餘的而且是徒然無益的。他們雖有這些見不到處，可是他們必會願意讓自然在這些運作中擔任某種角色，庶不至滑入純粹十足的超自然學（hyperphysic），這純粹十足的超自然學可以廢除自然主義式的路線上的一切說明。當然，他們在其超自然方面仍然毫不搖動；如是遂至即使在流產中（在未成形中，在畸形中，在不可能認定有自然之目的處），他們也會發見一可驚的合目的性，儘管這合目的性不過只是一無意義的合目的性，只可忽然使植物學家智窮才盡，不知所措，並且使他以讚嘆之心屈膝：驚嘆造化之妙而已。但是，他們却絕對不可能去使混血之產生與先成說相調和，他們只能被迫着去承認有一種"指向於目的"的進一步而額外的形構力歸給男性之種子，對於這男性之種子，在其他非混血之產生之情形中，他們是只承認其有"充作胚胎之第一營養工具"之機械特性，除此以外，他們不會再承認其有任何其他特性。可是，當他們討論同類者之兩性之完整產物時，却並不會把此進一步而額外的指向於目的的形構力給與於雙親中之男性一面或女性一面。

另一方面，就反乎"演化說"之提倡而宣稱"新生說"者而言，縱使我們在"支持新生說底宣稱者之說法"中的經驗證據之事上見不到新生說底宣傳者方面的巨大好處，可是理性仍然很強烈地在證明之前早就對於新生說底宣稱者之說明路數懷有好感，有所偏愛。因爲說到事物（自然事物），雖卽其起源之可能性只能依照目的之因果性而被表象，可是至少在關於這些事物之產生過程之連續中（在關於這些事物之繁殖中），新生說却仍然視自然自身爲產生的，而並不是視之爲只是展開某事者。〔案：第一譯：「視自然爲其自身是產生者(self-producing)，而並非只視之爲其自身是展開者(self-evolving)」。第三譯：「視自然爲其自身是產生那些事物者，而並不是視之爲只是展開那些事物者」。〕這樣，新生說，在稍稍使用一點超自然者之情形下，它把"根源性的開始"以後的那一切步驟之說明皆付託於自然。但是，它關於這"根源性的開始"避免有所決定，這"根源性的開始"問題乃是那使一切物理學底企圖皆歸失敗者，不管物理學所採用的原因之連鎖是什麼。

在與此新生說相連繫中，沒有人能比 Blumenbach 先生作出更有價值的服務。他在建立此說之應用之正確原則方面（關此，大部分是因着他對於此說之原則之過分自由的使用予以適當的限制而然），以及他在此說之證明之貢獻方面，皆曾作出很有價值的服務，無有能超過之者。他使"有機的物質實體"作爲這些形構之自然說明之起點。因爲去設想"粗糙的物質，服從機械法則者，根源上即是其自己之建築師"，並設想"生命能從那無生命者之本性裏而發出，而物質亦能自發地採用一自我維持的合目的性之形式"，他很正當地宣稱這是違反於理性的。但同時，他亦把一不可決定但亦無誤的功能留給自然之機械作用，即依此自然之機械作用之隸屬於這一不可測度的"最初而基本的有機組織之原則"之下而把那不可決定而亦無誤的功能留給自然之機械作用。在這裏所需要的那物質之能力，他在一有機體之情形中名之曰"形構的衝動"（formative impulse），這一形構的衝動乃是對反於那普遍地處於物質中的那種純然機械的形構力者，而且亦可說是處在上述的那一不可測度的"最初而基本的有機組織之原則"之較高的指導與方向之下者。

§82
有機體底外在關係中之
目的論的系統

所謂"外在的合目的性"，我意是如此之一種合目的性，即在此合目的性處，自然中之一物之服務於另一物就如手段之服務於一目的。現在，甚至如這樣的事物，即如"它們並不具有任何內在的合目的性，而且它們的可能性亦並不預設任何東西，例如像地、水、風、火一類的東西"，這樣的事物，它們仍然可以外在地很適合於目的，即是說，它們仍然可以在關聯於其他存有中適合於目的。但是，這樣一來，其所關聯的那些其他存有必須總是有機的，即必須總是一自然目的，因為如若它們不是一自然目的，則"外在地關聯之"的那些事物必不能被認為是手段。這樣說來，地、水、風、火不能被看成是山之隆起之手段。因為內在地說，山自身中並不含有什麼東西它要求山之可能性須有一依照目的而成的根源或根據。因此，山之原因從不能涉及這樣一種根源之問題，而且亦從不能在一"有用於這樣的根源之說明"的手段之謂述下被表象。

"外在的合目的性"這一概念是完全不同於"內在的合目的性之概念"的。內在的合目的性之概念是與一個"無關於其現實性自身是否是一目的"的對象之可能性相連繫的。在一有機體之情形中，我們可以進一步問：此有機體之存在是為什麼目的而存在？但是在"我們於其中只承認自然底機械作用之單純結果"這樣的事物之情形中，我們很難這樣去追問。理由是如此，即：在有機體之情形中，我們早已把一"依照目的而成"的因果性，即把一創造性的知性，描畫給我們自己，以去說明這些有機體之內在的合目的性，並且亦把創造性的知性這一主動的機能關涉到其決定的根據，即關涉到有意的設計。茲僅有唯一的一種外在的合目的性，它密切地與有機組織之內在的合目的性相連繫。此唯一的一種外在的合目的性並不須發問這問題，即"如此有機地組織起來的自然所必須為之而存在的那個背後未說出的目的是什麼"之問題，可是它雖不必發問此問題，然而它却實處於"手段對於一目的"之外在關係中。此即是意在繁殖種族而處於互相關係中的兩性之有機組織。因為在這裏，恰如在個體之情形中，我仍總是可以問：這樣一對男女性為什麼必然要存在？答覆是如此，即：在此一對中，我們有那"首先形成一有機地組織起的全體"所需之配偶，雖然此有機地組織起的全體（如家庭）並不是一單一物

體中的 "組織起的全體"。

現在，當我們問 "一物之存在是爲什麼目的而存在" 時，答覆有兩方式，可任取其一。一個答覆可以這樣說，卽：一物之存在或產生對於一有意設計地活動着的原因無任何關係（卽毫不涉及有意活動着的原因）。依是，其起源總是被理解爲由自然之機械作用而引生。或不然，另一個答覆則可以這樣說，卽：一物之存在，由於它是一偶然的自然物之存在，是故它大約須有某種 "含有意匠設計"的根據以作基礎。而這一思想是我們很難使之與 "一物之爲一有機組織者之概念"分開的。因爲由於我們被迫着去把一物之內在的可能性基於目的因之因果性與一 "作爲此因果性之基礎"的理念上，是故我們不能不想 "此產物之眞實存在亦是一目的"。因爲當一結果之表象同時亦卽是這樣一個根據，卽"它能把一睿智的有效因決定至有產生此結果之作用" 這樣一個根據時，則如此被表象的結果卽被叫做是一個目的。因此，在這裏，我們可有以下或此或彼之兩種說法： (1) 或者我們可以這樣說，卽：這樣一種自然存有之眞實存在之目的是內在於此自然存有之自身，卽是說，此目的不只是一目的，且亦是一 "終極目的" （final end 此時亦可譯作終成目的）；(2)要不然，或者我們也可以這樣說，卽："終極目的"是在此自然存有之外而處於另一其他存有中，卽是說，此自然存有之眞實存在，適合於目的者，並不是其自身是一"終極目的"，但只就其存在而言，它必然地同樣也是一 "手段"。

但是，如果我們審閱自然之全體，我們並不能在自然之作爲自然中發見任何存有它能夠要求其自己成爲創造之 "終極目的"

之優越性。事實上，我們甚至可以先驗地證明：那 "或可作爲自然之現實相對等級中一末後目的 (1) " (ein letzter Zweck) 並賦之以我們所可選擇的任何可思議的性質或特徵" 者，依其爲一自然物之性格而言，它却仍然決不能是一 "終極目的" （a final end: ein Endzweck）。

〔譯註(1)〕：

案 "末後目的"，德文原文是 "letzter Zweck"，三英譯俱譯爲 "ultimate end"，此非是。蓋 "ultimate end" 意同於 "final end"，英文是很難有分別的。但德文一是 "letzter Zweck"，一是 "Endzweck"，這兩者是顯然有別的。"letzter Zweck" 相當於英文之 "last end"，last （最後的）是現實的時間過程中的比較語，如說昨天爲 "last day"，到了明天，今天又是 last day 了。但英文使用中，"ultimate" 並無現實時間中的相對比較意。故依德文原文譯爲 "末後目的"，前加 "現實相對等級" 以限制之，如是遂成如文之所譯，非照英文之 ultimate 而譯也。又 "終極目的" （final end, Endzweck），康德在這裏泛說兩種。後§83及§84 則指最高善言，此則不能在自然中被發見。

設若一注意於植物王國，我們起初先以其幾乎向外傳播其自己於每一土壤上的那無邊的多產而可被誘導去作如此想，卽：此植物王國須被視爲是一純然機械作用之產物（此機械作用乃卽是大自然在其於礦物王國中之諸般形構裏所展現者）。但是，設若對大自然之難以形容地巧妙的有機組織有了更切近的知識時，則我們便覺得不可懷有此想法，而我們亦覺得必須去問：這些有生

機的植物之形態究爲什麼目的而存在？設若我們答覆說：它們是
爲動物王國而存在（此動物王國是以植物而儲備其生計之資具，
以有如此之生計資具，動物王國始能以這樣多的種類之變化而散
布於地面上），那麼又有問題可以發生，卽：這些吃草動物又爲
什麼目的而存在？對此問題之答覆必會是這樣的，卽：吃草動物
（如牛、羊等）爲肉食動物而存在，肉食動物只能靠那其自身有
動物生命者而活着。最後，我們達到這問題，卽：這些肉食動物
以及前面所說的諸自然王國，其目的與意圖又是什麼呢？〔它們
又爲什麼而存在呢？它們所適合的又是什麼呢？〕我們說：它們
爲人而存在，它們的目的就在適合於人並在適合於＂人之睿智教
告人對於這些生命形態所安排到＂的那種種用處。在這裏，人是
地球上的創造物之＂最後一級的目的＂(der letzte Zweck) ⑴，
因爲人是地球上唯一＂能夠去形成一目的之概念＂的存有，並且
也是唯一＂能夠由有目的地形成的諸事物之集合體，經由其理性
之助，而去構成一目的之系統＂的存有。

〔譯註⑴〕：
　　　此就德文"der letzte Zweck"譯，不就英譯之"ultimate end"
　　譯。因爲 "ultimate" 一字太重故，非現實相對比較級中的 "最後"
　　之意。

　　我們也可以遵循林奈爵士 (the chevalier Liné) 之想法而
採取表面看起來是相反的途徑。如是，我們可以說：吃草動物之
存在是爲 ＂制止植物王國之過多的生長＂ 之目的而存在，由於這

過多的生長，遂使該王國中其他許多“種目”之植物窒息而死。
〔如野草過多，五穀不生等等，如是遂需吃草動物以食之。〕肉
食動物之存在是爲限制吃草動物之貪婪濫食而存在。而最後，人
之存在之目的是如此，卽：由於人之追捕肉食動物（野獸）並減
少其數目，如是自然之生產力與破壞力間的一種平衡遂可以被確
立。但是，這樣說來，依此想法，好多人在某種關係中可以被尊
重爲目的，然而在另一種關係中他又可轉而算作是手段或工具。

如果我們在繁多的大地上的生命之各別形態中，並在這些各
別形態之作爲這樣的諸存有，卽，它們皆具有一“適合於目的”的結
構這樣的諸存有，在這些各別形態之作爲如此云云的諸存有間的
互相外在關係中，去採用一客觀的合目的性之原則，如是，則我
們只有進而如下那樣去想像才合理，卽：在這些互相外在的關係
中亦有一種有機的組織，並且亦有一種遵循目的因而成的全部自
然王國之系統。但是，在這裏，經驗似乎證明在這樣想像中理性
之格言爲虛妄，就自然之最後一級之目的而言尤其如此。縱然如
此，可是這最後一級之目的對於這樣一個系統（卽遵循目的因而
成的全部自然王國之系統）之可能性而言是必要的，而且我們亦
只能把這最後一級的目的放在人身上。〔最後一級的目的雖卽如
此云云，可是就如此云云的最後一級之目的而言，經驗仍證明那
理性之格言爲虛妄。〕因爲說到使人爲最後一級的目的，若就人
是許多動物種目中之一種目而言，人之受自然之破壞力而消滅同
於其受自然之生產力而產生，自然並不特別使人更可免除自然之
破壞力，自然亦同樣不能使人免於自然之生產力（卽人固爲自然
所破壞，但亦同樣爲自然所產生），而且毫無例外，自然亦使每
一東西皆服從自然力之機械作用而無任何目的可言。

在一個"爲世上全部合目的性的自然存有而條理成"的系統中，那須特別備好的第一件事必應卽是這些自然存有之住處卽故土（根據地），或"這些自然存有想發旺"所依據的那成素（如金、木、水、火、土之類）。但是，一切有機產物底此種基礎條件之本性之更詳盡的知識除表明那些"全然無設計意圖而活動着"的原因外，並除表明那些"事實上只傾向於形態、秩序以及目的之破壞而並不適合於去促進此等之創生"的原因外，實並不表明任何其他原因之痕跡。陸地與海洋不只含有那"旣襲擊它們兩者又襲擊它們兩者的一切生態之產物"的那猛烈的原始洪荒時代的災害之紀念物（遺痕），而且它們兩者本身的全部結構（卽陸地之地層結構與海洋之海岸線之結構）亦具有在"混沌狀態中運轉着"的那一種大自然之狂暴而壓倒一切的力量之結果之現象。不管陸地之形狀，隆起與傾斜，現在看起來是如何之巧妙地適合於由空氣而來的雨水之吸收，適合於各地層（宜於種種產物的各地層）間所噴出的泉水之地下渠道，而且適合於江河之流動（彎彎曲曲地流動），然而若對於這地形，其隆起與傾斜等，有一密切的研究，則這研究最後不過表明：這隆起與傾斜等簡單地只是這樣的結果，卽部分是由火山的爆發而成，部分是由洪水氾濫，甚至是由海水之侵入而成。不但此原初地形之初成是如此，卽其後來之轉形，伴隨之其原初有機產物之消失，更特別是如此 [1]。現在，如果一切這些有生之物之住處（卽陸地之窪處與海洋之深處）只不過指點到一完全無意圖設計的機械作用之產生，除此以外，再無所指點，那麼，我們如何能夠或有何權利去爲這些有生之物去要求或去主張（肯斷）另一不同的根源呢？縱使人類，像自然之規後餘跡之最詳細的考察所想去證明的，在 Camper 之判斷中，似乎並不曾包括在這樣的變革中，然而人之依靠於地上其餘有生之物是如此之甚以至於：如果 "自然之機械作用之力量足以侵及或操縱一切其他有生之物而無疑" 這一點被承認，則人亦必須被視爲是包括在此機械作用之範圍之內者，雖然人之智力至少大部分可以使他免於這機械作用之破壞〔另譯：使他從那些浩规中逃脫出來成爲規後之餘生〕。

〔**原註(1)**〕：

康德在此有注云：

"自然史" 這一名稱，照字義看，卽是地球底過去狀況或古代狀況之記述。既然這一名稱業已被使用，如是，如果它要繼續被使用，用之以表示對於自然之描述，則我們可以用 "自然之考古學"（archaeology of nature）一名以代之。"自然之考古學" 是對反於 "藝術之考古學" 而言的。對於 "地球之過去或古代狀況之記述或說明" 這種事，雖然我們不敢希望有任何確定性，然而我們却很有根據去猜測。"殘存的化石"（fossil remains）必應是"自然考古學"之對象，恰如粗糙雕刻的石頭，以及類乎此者，必應是"藝術考古學"之對象。因爲在 "地球論" 之名下，在此考古學一門中，考察工作是事實上經常地被作成了的，（雖如我們所料想，只是緩慢地被作成），是故此 "自然考古學" 之名並不是被給與於 "自然之一純粹幻想的研究"，而實是被給與於一種 "自然本身邀請並召集我們去從事之" 的研究。

但是此種論證似乎超出其所想證明者之外。因爲此論證似乎不只想去證明：人不能夠是自然之"最後一級的目的"（letzter

Zweck），或依同一理由，它似乎亦不只想去證明：地球上的自然底有機物之聚合亦不能是一目的之系統，它且想去證明：甚至以前曾被認為是"自然目的"的那些自然之產物亦只有自然之機械作用之起源，除此以外，再不能有任何其他種之起源。

可是，這樣一來，我們必須謹記上面對於"有機的自然存有之機械的產生之原則與目的論的產生之原則這兩者間的背反"所給的解答之結果。如我們在那解答之結果中所見的，那兩種原則，在關於形構性的自然以及此自然之諸特殊的法則中，只是反省判斷力之原則，至於這形構性的自然以及其諸特殊的法則間之系統性的相關之所以然的那關鍵性的鑰匙却並不是我們所能有的。那兩種原則關於那些有機存有之依其自己之內在本性而言的起源問題是不能告訴我們什麼確定性的東西的。那兩種原則只肯斷說：依我們的知性與我們的理性之本性而言，在此類有機存有之情形中，我們除依"目的因"之指導去思議這起源問題外，我們不能有別法以思議之。在我們之努力依機械的路線去說明這些有機存有中，極度可能的堅忍，不，甚至一勇敢而大膽的冒險，是可允許的。不只是可允許，我們甚至為理性所召請，召請我們去這樣堅忍與冒險，雖然我們明知若用這樣機械的說明，我們決不能有所成。這不能有所成，不是因為在"機械的產生"與"起源之依據乎目的者"這兩者間存有一種內在的不一致性，而實只由於那些"含在我們的知性之特殊的形態與限制中"的主觀理由之故也。最後，在那背反之解答中，我們已見到："描畫自然底可能性"底兩種模式之融洽可以很容易地處於外部自然與內部自然之超感觸的原則中。因為"基於目的因"的那表象模式只是我們的理性底運用之一主觀條件。其爲理性底運用之一主觀的條件是當如下之情形時才如此，卽：當理性不只想去知道對於那只當作現象而被排列的對象所形成的<u>適當之評估</u>，且亦專想或決心想去把這些現象，連同其原則，關涉到其超感觸的基體上，這樣，理性便可認出或看出這些現象所依以有其統一的那些特殊法則⁽¹⁾ 之可能性，這些特殊法則除藉賴着目的而被表象外，是不可能經由別法爲心靈所表象的（關於目的，我們的理性也有超感觸型的目的之例證）：只當理性是如此云云時，那 "基於目的因" 的表象模式才是我們的理性底運用之一主觀的條件。

〔**譯註**(1)〕：

　　案康德原文只是 Gesetze，英譯皆譯爲 certain laws（某些法則），實卽指諸特殊法則而言。法則之由知性範疇而來者爲自然之普遍法則，此則不需要藉目的而被表象。

§83
作爲一"目的論的系統"的自然
之
最後一級的目的

　　在上節中，我們已表明：設注意於理性之原則，則在反省判斷力上（自然不是在決定判斷力上）有充分根據使我們去評估人不只評估之爲一自然目的，就像我們評估一切其他有機存有爲自然目的那麼樣，且須評估之爲這樣一個存有，卽：人在地球上是自然之最後一級的目的，並且在關聯於人中，一切其他自然物可

組成一目的之系統。現在，再問：人自身內的目的，而這目的，
如其為一目的，又是想藉賴着人之與自然之相連繫而被促進，
人自身內之如此云云的這種目的又是什麼呢？如果此目的是某種
"必須在人自身中被發見"的東西，那麼這目的必須或是這樣一
種目的，卽：人自身可以因着自然以及自然之恩惠而得滿足（案
意卽如人有天生的事事如意的好命，如佛有三十二相，八十種
好，便是如此），或若不然，則它必須卽是各種目的上的性能與
技巧，人為其所欲達至的各種目的，他能使用其自身外的自然與
其自身內的自然。前一種在人身上發見的"自然之目的"必卽是
人之幸福，而後一種在人身上發見的"自然之目的"則應是文化
教養（培育才能）。

幸福之概念並不是"人多或少從其本能而抽出因而遂從其動
物的本性而引生出"的一個概念。正相反，它是對於一種狀態的
一種純然的理念，而這純然的理念乃是人想去使其現實的狀態在
純粹地經驗的條件下成為與之相合者（這"與之相合"乃是一不
可能之事）。人自己想出這個理念，而且感謝人之知性以及此知
性之與想像與感性之錯綜複雜的關係，人可依種種不同的路數而
想這個理念，而且甚至時常改變其想法，其時常改變其想法是如
此之甚，如是遂致：縱使大自然是完全服從人之選擇自由的意
志，這大自然必亦完全不能去採用（或得有）任何確定，普遍而
固定的法則，採用之以便經由這法則，她可使其自己適應於這變
動不居的想法，因而遂使其自己可與每一人所隨便安置於眼前的
目的相一致。但縱使我們想去把這想法還原到(或減低到)真正的
自然欲望之層面（在此層面中我們的族類是處在完全而基本的一

致中），或試另一種想法，想去把人之技巧增加到（或上升到）最高的層面以完成人所想像的目的：縱使是如此云云，人所意謂的幸福以及那事實上構成人之特有的最後一級的自然目的（對反於自由之目的）者，亦從未爲人所達到。因爲人之自己的本性生來就不是可以停止於或滿足於任何享有或享樂者（案意卽是貪得無厭者）。人之本性旣如此，而外在的自然亦並不更把人作爲一特別的寵兒，或更偏愛於人遠過於一切其他動物，而特以人爲其仁慈之對象。因爲我們看到：在自然的破壞性的動作中，例如瘟疫、饑荒、洪水、嚴寒，來自大小動物的襲擊，以及一切這類的事，自然並不特饒於人，正如其並不特饒於任何其他動物。除此以外，那人之內部自然傾向（如氣性才性一類之自然性向）底不一致亦使人陷於其自己所鬧出的那進一步的不幸中，並且這自然性向之不一致又通過統治力量之壓迫，戰爭之野蠻，以及類此者，把人之同族類之其他成員迫使落到如此悲慘之境地，而同時人自己復又盡其所能，對於其族類去作毀滅之工作，如是遂致：縱使外在自然方面有極度的善意，此外在自然所有之目的（設想此目的被指向於我們族類之幸福）亦從未在一現世的自然之系統中被達到，蓋因爲我們自己之內部的自然 （我們自己之本性） 並不是能夠易有之的。因此，人永遠只不過是自然目的之連鎖中之一環節。在關於那些"自然似乎把人預先決定到之"的那許多目的中，人誠然是一原則或基準，（蓋由於人使其自己爲一原則或基準，〔意卽依人自己之自然本性而言，人本來預先注定就有那些目的，因此人卽是一原則或基準〕），但縱然如此，若對其餘環節底機械作用中的合目的性之保存而言，人却仍然同樣也是一"工具"（手段）。人實

有知性，因而結果亦實有一種能力去把其愼審選擇之目的置於其
自己之前。人實是這樣一個存有。若把人視爲地球上（世上）唯一的
這樣一個存有，則人確然是自然之合格的主人，而且設若我們視
自然爲一目的論的系統，則人便是生而就是"自然之最後一級的
目的"(der letzte Zweck der Natur)。但其爲自然之最後一級的
目的總是依據如下之條件，卽：他須有睿智與意志去把"對於另一
種目的之關涉"給予於自然並給予於他自己，這所關涉到的另一
種目的乃卽是那"能夠是自足而獨立不依於自然"的目的，因而結
果也就是說，是那"能夠是一終極目的"的目的。但是像"終極目的"
(final end, Endzweck) 這樣一種目的必不可在自然中被尋求。

　　但是，無論如何，我們究竟要把"自然之最後一級的目的"
放在人身中的什麼地方呢？ 要想對於這一點有所發見， 我們必
須找出：在使人要想成爲一"終極目的"中所必須準備去作的事
這一點上， 自然所能供給於人者是什麼， 並且我們亦必須使那
"終極目的"與一切其他目的分別開，這所謂一切其他目的乃是這
樣的，卽：其可能性是基於那些"人只能期待之於自然之手"的條
件上者。俗世的幸福卽是屬於此類之目的。俗世的幸福其意是意
謂：通過人之外在的自然或內在的自然而可獲得的那"一切可能
的人類目的之綜集"。換言之，這俗世的幸福乃是人之一切俗世的
目的之"物質的實體"(material substance)，而且如果人把這俗
世的目的轉成人之全部目的，則這俗世的目的便卽是那"使人不
可能去爲其自己之眞實存在置定一終極目的並亦不可能使其自己
之眞實存在與那終極目的相諧和"者。因此，在人之一切自然目
的當中，我們只剩有一形式而主觀的條件，卽那"適宜於去設置

目的於人之自己面前"的這主觀而形式的條件，而且這主觀而形式的條件在人之"決定其目的"之力量中，在人之依照其"自由目的一般之格言"而"使用自然爲一工具"之力量中，是獨立不依於自然的。在人之一切自然目的之當中，只剩下這麼一個主觀而形式的條件，這條件卽是自然在關聯於那處在自然之外的"終極目的"中所能完成的一個條件，因而也就是說，是那"須被視爲是自然之最後一級目的"的一個條件。在一理性的存有中，一種"適宜於其自己所選擇的任何目的"這種適宜能力之產生，因而也就是說，一種"適宜於一存有之在其自由中"這種適宜能力之產生，便就是文化教養。因此，那"可以是最後一級目的而我們也有理由就人類而言去把它歸之於自然"者便就只是這文化教養。人之個人的俗世幸福，以及如我們所可說，"人只是「制定非理性的外在自然中的秩序與諧和」的主要工具"這一純然的事實，皆須被排除，不可算作是自然之最後一級的目的。（案此最後一整句原文有括號以括之，是附註語。Meredith 譯刪去括號，作正文。）

〔**譯者案**〕：

　　"終極目的"是處在自然之外，是屬自由者，是自由意志所決定之道德目的，是不在現實相對之等級中，如下§84 所說，是不需要有其他目的爲其可能性之條件，故曰"終極目的"。

　　現實的人是現實相對等級中自然目的之最後一級的目的，或亦可譯爲自然之末後目的，這是屬自然者。中國人

說"天地之性人為貴"。佛家亦說六道眾生以人為最好（最
宜於成佛），故曰"人身難得"。今康德亦說人可以是"自然
之最後一級或末後一級的目的"，但不是"終極目的"。如
下 §84 所說，只有當人成為一道德的存有時，他始是一終
極目的。現實的人只是"自然之末後一級的目的"。其可以
成為末後一級的目的，是由於他的選擇目的之能力，他的
成為是自由者之能力，那就是說，他的生命中之文化力；文
化力基於他的自然性能，即人本性上是可教可化者，故此
處亦說那"可以是最後一級目的而又可歸之於自然"者便
就只是這"文化教養"。

　　但是，並不是每一文化教養形態皆能盡此自然之末後目的之
任務。"技藝技能"之為一種文化教養固確然是"適宜於促進一
切種目的"之主要的主觀條件，然而它却不足以有助於"意志之
在其決定中〔之應如何被決定〕"以及"意志底目的之選擇"。但
是如果一"適宜於目的"之適宜要有其充分的（完整的）意義時，
那"意志之在其決定中〔之應如何被決定〕"以及"意志底目的
之選擇"却是一本質的（重要的）因素。"充分適宜於目的"之
充分適宜中之此一作為本質因素的條件，即"意志決定中應如何
被決定"以及"意志底目的之選擇"這一條件，它牽連及那"依
栽培培養或訓練之路而可被名曰文化教養"者，因此它是一消極
的條件。此一消極的條件存於意志之從感性欲望之專制中之解
放，而因着那感性欲望之專制，在我們之粘着於某些自然事物
中，我們被弄成不可能運用我們自己之選擇（案意即成為感性欲

望之奴隸而不能運用其意志選擇之自由）。此情形，當我們讓我
們自己爲衝動所束縛時，卽發生。蓋那衝動是這樣的，卽：自然
用那種衝動只供給我們這情形，卽：這些衝動可以充作引導線索
以使我們不忽略或甚至亦不損害我們本性中之動物成素，雖然當
我們的理性之目的作指揮時，我們尙有充分的自由去抽緊或去放
鬆，去拉長或去縮短這些衝動。

　　技藝技能在人類中除因着人們間的"不平等"而被發展外，
很難因着其他辦法而被發展。因爲大多數人依一不需要有特別藝
術的機械路數而爲另一些人供給生活之必需品，如是遂使這另一
些人有舒適安閑而便利的生活（案卽有閒情逸致）去盡力於科學
與藝術這些不甚必要的文化部門。這些有安閑便利的人使大衆處
於一生活急迫受壓抑之狀況中，終日辛苦工作，很少享樂，雖然
在時間之經過中，好多屬於較高階級之文化也可以傳播到大衆身
上。但是隨這種較高階級文化之前進，當致力於那多餘的東西開
始有害於那必要的東西時，這較高階級文化之前進之頂點便被名
曰"奢侈"，如是遂使諸多不幸在大衆方面與較高階級方面皆同樣
地在增加。就下層階級而言，這些不幸是因着從外來的支配力量
（殘酷無情的侵犯）而發生；就上層階級而言，這些不幸是從內
部的不滿足之種子（貪婪不知足）而發生。但是這顯明的悲慘是
與人類中自然性向（或性能）之發展相連繫的，而爲自然本身所
追求的那目的（雖然這不是我們的目的）也因這自然性向（性
能）之發展而被達到。自然所依以能達到它的這個"眞實目的"
的那個形式條件便就是一種憲法之存在，這憲法足以規約人間之
相互關係，如是，那因着個人互相衝突而來的自由之濫用便可爲

一位於一整體中的合法權威所對反（所制衡）； 而那合法的權威
所位處的那個整體或整全體便被名曰一 " 市民共同體 " 。因爲只
有在這樣一種憲法中， 那自然性向（或性能）之最大的發展始有其
可能。此外，我們還需要有一"世界性的整全體"(a cosmopolitan
whole)， 假定人們真有一種聰明足以去發見這樣一種憲法（卽
"組織世界整全體"的憲法），並且亦真有一種智慧足以自願地去
把其自己交付於這樣的憲法之約束（卽甘願受此憲法之約束）。這
世界性的整全體必卽是那 "處在互相有損害之行之危險中" 的一
切國家間的一種體制。設無這體制，再加上野心、好權、貪婪，
特別是有統治權者方面之貪婪所設置的障礙以阻止這樣的計畫底
可能性之進行， 如是， 則戰爭便是不可避免的 。戰爭之結局便
是： 有時有些國家使其自己分裂成或瓦解成一些較小的國家， 有
時某一個國家吞併了另一些較小的國家而且努力去把其自己造成
一個較大的國家。但是， 縱使在人們方面， 戰爭是一種無意識而
盲目的舉動，爲不受約束的熱情所激起， 然而在極高智慧（案意
卽上帝）方面， 它却可是一種 "深藏而或可有遠見" 的企圖，企
圖去爲那 "管轄國家底自由" 的一種 "法律之統治" 預備一條道
路（如果不是去建立一條道路，至少尚可是預備一條道路）， 因
而遂可使這些國家底統一依一個 "建立於一道德的基礎上" 的體
制而被完成。而不管戰爭所害於人類的那可怖的災禍爲如何，以
及在和平時代中， 戰爭之經常準備所加諸人類的痛苦或甚至更大
的痛苦爲如何， 可是當一恒常不變的國民幸福底黎明之期望永遠
後退於遼遠中時， 戰爭却猶是那 "使有貢獻於文化的一切才能發
展至最高度" 之進一步的激勵。

現在，我們轉到性好之訓練（discipline of inclinations: die Disziplin der Neigungen）。在關於這些性好中，我們的"自然裝備"（自然的性向或性能）是十分合目的地適宜於我們之作爲一動物類之一目之本質的機能之完成，但是那些性好却又是對於"我們的人之爲人之人義（humanity）底發展"的一種很大的障礙。〔因此，性好底訓練是文化教養上的第二種需要。〕但是，在關於此文化教養上之第二需要中，就性好之爲"人之爲人"之人義之發展之障礙而言，我們又可見到：自然依據合目的的路線，努力於把一種教育給與於我們，其所給與於我們的那種教育可以開出一些較高的目的，卽比自然本身所供給的目的（自然目的）爲較高的一些目的。當然，一種"精練到理想化之極"的品味〔案：精練至極，品味卽可成爲時風〕，以及那"被視爲空虛無益（虛榮浮誇）之資糧"的科學中之奢侈〔案意卽所謂奇技淫巧，甚至競勝鬥富的博雅之學亦然〕，皆可引起一大堆不可滿足的性好，由於這些不可滿足的性好卽可有一佔上風之罪惡作結果；而那精練至極的品味與那科學中之奢侈之把那佔上風之罪惡擴散到我們身上來，這亦自是一不可爭辯的事實。但是，當有這事實時，我們也不能不承認這自然之目的，卽這目的它漸漸要去克服那些"較屬於我們的動物本性而且亦最有害於那「使我們可適合於我們的較高天職」的教育"的性好（卽那些屬享樂的性好）之粗野與暴戾，而且它也漸漸去爲我們的人之爲人之人義之發展去開路。美術與科學，如果它們不能使人成爲道德地較好的，可是，由於它們可輸送或讓人有一種"可有普遍性的傳通"的快樂，並由於它們可引出社會中的文雅與精緻，是故它們尙可使人爲有文明的。這樣說來，美術與科學也甚能克服專橫暴虐的感官上之性癖，因而也能使人備好一種統治權，在此統治權中，唯理性始有支配力。同時，那時而因着自然，時而因着人之殘忍的自私，而降臨到我們身上來的那些罪惡也可以喚醒靈魂之力量，並且給靈魂以強力與勇氣，使靈魂不屈服於郡些罪惡之力量，而同時那些罪惡也可以在我們身上使一種 "感到之感"，卽"在我們的本性之深處，感到有一種「適合於較高目的」⑴的能力" 這一種感到之感更爲生動活潑而敏銳。

〔原註⑴〕：

關於"較高的目的"，康德有註云：

單只因着我們所享樂者（因着我們的一切性好底綜集之自然目的，卽是說，因着幸福）而衡量的生命之價值是很容易去裁決的。這樣的生命之價值比一無所有還少。因爲有誰願意在同一情況下進入於生活呢？甚至有誰願意依照一新的、自我設計的計畫（雖新，然却必遵循自然之途徑）來從新在同一情況下進入於生活，如果這生活亦只是指向於享樂？我們在上面已經表明了：生命，當其依照目的而生活時，它從其所含有者中所接收到的那價值是什麼樣的價值。所謂 "當其依照目的而生活" 這所依照的目的乃是自然在我們身上所從事的那個目的（案卽上文所謂文化教養），而且這目的乃存於"我們所爲者是什麼"(what we do)，並不只存於 "我們所享樂者是什麼"。但是，卽在 "我們所爲者是什麼" 之情形中，我們亦總只不過是達到一尙未決定的 "終極目的" 之手段。這樣說來，茲所剩下來而猶待注意者並沒有什麼其他任何東西，但只不過是"我們自己所指派給我們的生命"的那價值。不過這所指派給我們的生命的那價值不是因着那 "我們只是爲之"者而被指派給我們的生命，而是因着那"我們之爲之乃是爲着一個目的而爲之"者而被指派給我們的生命，而這所爲着的那個目的乃是如是之獨立不依於自然，如是，遂致：即這自然本身之存在亦只能是一個"隸屬於這樣被置定的條件下（即"爲着一個目的而爲之"之條件下）"的目的。〔案意即自然本身之存在固亦是一目的，但其是一目的亦只是一"隸屬於終極目的下"的目的。我們之一切作爲皆應爲終極目的而爲，而一切自然之存在亦皆爲終極目的而存在。〕

§84
"世界底存在"（宇宙本身）
之
終極目的

一個"終極目的"（final end）是一個"並不需要有任何其他目的爲其可能性之條件"的目的。

如果自然之單純的機械作用被承認爲是自然底合目的性之說明，則我們便不能問：世界中的事物爲什麼目的而存在？因爲依據這樣一種觀念論的系統（說法），我們只須去考慮事物之物理的可能性即可，而若去把事物想像爲目的，這必會只是純然空洞的詭辯。"我們是否要把作爲目的的這種事物關涉到偶然的機遇上去，抑或要把這種事物關涉到盲目的必然性上去"，像這樣的問題必皆是一無意義的問題。但是，如果我們設想世界中合目的性的連繫是眞實的，並且想爲這合目的性的連繫而去假定一特種的因果性，即假定一種"依照意匠設計而活動着"的原因之活動性，如果是如此云云，則我們便不能簡單地只停於以下之問題， 卽："世界中的事物卽有機的存有，其所以有此一形態或彼一型態，或其經由自然而被置於和其他事物之此一關係或彼一關係中，是爲着什麼目的而如此呢？"這個問題上。 正相反，一旦我們已思議了如下那樣一種知性， 卽 "此知性必須被視爲是那些現實上被發見於事物中的諸形態底可能性之原因"這樣一種知性時，我們就必須要在此種知性中進而再去尋求一客觀的根據，此客觀的根據它能夠去決定這有產生性的知性，決定之而至於有此類結果之產生。這樣說來，此客觀的根據便就是那 "終極目的"，而那些 "有如此這般的形態與關係"的諸事物卽爲那終極目的而存在。

上面我已說過：終極目的是一 "不爲條件所制約"的目的；由於是如此，是故它亦不是一個 "單憑其理念，自然就能夠實化之或產生之"的目的。我之所以這樣說，是因爲：在自然中，並無一個東西，當作一感取之物看者，其 "可發見於自然本身中"的決定之根據不轉而又總是被制約的。這不只是對於外在的自然或物質的自然爲然，且對於內在的自然或有思維作用的自然（卽心靈之自然）亦然。（當然如下一點須被理解，卽：我只考慮那在我們心中者嚴格地是自然者）。 但是，如若一物它是如下所說者，卽 "依據其客觀的性格，它之存在着是必然地要當作一睿智因之終極目的而存在着"，如若它是這樣一個物時，則它必須亦是如下一類物，卽：在目的底秩序中，它簡單地只依靠於其理念，除此以外，它並不再進而依靠於任何其他條件。

現在，在世界中，我們惟有這麼一類存有，其因果性是目的論的，或說其因果性是被指向於 "目的"的，而且這類存有他們同時也具有這樣的性格，卽他們之爲其自己決定目的所依照的那法則是被他們自己表象爲"無條件而不依待於自然中之任何物而却又在其自身卽是必然的"者。屬於這一類存有的那存有就是"人"，但是這所謂"人"乃是被視爲是一"智思物"(noumenon)的人。這樣的人乃是如下所說那樣唯一的一個被造的自然物，卽：它雖是一智思物，然而其特殊的客觀性格却猶能使我們在其身上去承認一超感觸的機能（卽其意志之自由），並能使我們在他身上去覺知自由意志之因果性之法則與自由意志之對象，而這自由意志之對象乃卽是"此自由意志一機能能夠把它當作最高目的（卽世界中之最高善）而置之於其自己面前"者。

現在，在視之爲"一道德存有"的人之情形中，或在同樣視之爲一「道德存有」的世界中任何其他"理性的存有"之情形中，那是不許我們進而去問："他爲什麼目的而存在"這個問題的。他的存在自身內在地就含有這最高的目的；只要他能夠，他便可以把全部自然隸屬於這最高的目的，或至少他必不可把他自己視爲是"隸屬於自然方面之任何勢力以對反於郡最高的目的"的。現在，假定世界上的事物，就其眞實存在而言，是一些有所依待的存有，而卽就其爲依待的存有而言，它們卽有需於一最高的原因爲依照目的而活動者：假定是如此云云，那麼，"人"便就是創造之終極目的（卽世界底存在或宇宙本身之終極目的）。因爲若無人，則互相隸屬的目的之連鎖必無最後的附着點。只有在人中，而且亦只有在人之作爲那"道德法則所可應用於其上"的個體存有中，我們始在關於目的中找到無條件的立法作用。因此，此立法作用就是那唯一能使人有資格成爲一終極目的者，這終極目的乃卽是"全部自然所要目的論地**隸屬到之**"者"⑴。

〔**原註**⑴〕:

康德在此有註云:

"世界上理性存有之幸福成爲<u>自然之目的</u>"這或許是可能的,而如果這是可能的,則這必也是"自然之最後一級的目的"。"自然爲什麼一定不是這樣安排的"這至少不是先驗地顯明的,因爲就我們所能見到者而言,幸福是"自然藉賴着其機械作用所要去產生"的一個結果,這必應是完全可能的。但是,<u>道德</u>,或依照"**隸屬於道德**"的目的而成的那<u>因果性</u>却是自然原因之一絕對不可能的結果(案意卽等於說:依照道德目的而成的因果性却絕對不可能是自然原因之一結果)。因爲"決定依照道德目的而成的因果性決定之而至於有活動作用"的那原則是超感性的。因此,在目的之<u>次序</u>中,那"決定道德目的之因果性"的那<u>超感性的</u>原則是那"唯一可能在關於自然中是<u>絕對無條件</u>"的一個原則,而且它亦是那"唯一使這樣的因果性之主體(人)有資格成爲創造(世界底存在或宇宙本身)之<u>終極目的</u>"的一個原則,而這終極目的乃卽是"全部自然所要**隸屬到之**"的那個目的。另一方面,幸福,如在前節所已表明,它是要訴諸<u>經驗</u>之<u>證據</u>的,是故它遠不足以成爲"創造之終極目的"。夫旣如此,若就人之<u>優勝</u>於其他被造物而言,幸福甚至亦不是一自然之目的。那或可永是這樣的,卽:各個人將使幸福成爲其"末後一級的主觀目的"。但是,如果由於尋求"創造之終極目的"之故,我問:"人之定須存在之爲必然的是爲什麼目的而爲必然的呢?"這個問題時,那麼我的問題就要涉及一<u>客觀</u>的最高目的(卽最高善),就如最高的理性(上帝)爲其創造所應要求者。可是這樣一來,如果對於這問題,我們回答說:人定須必然地存在着,蓋這樣,人便可存在在那裏,最高原因可以施仁慈於其上;如果我們這樣回答，則我們便違反了那條件，即"人之理性甚至把人自己衷心所欲的幸福亦須隸屬之"的那個條件，即是說，違反了"幸福須與人自己之內在的道德立法相諧和"之條件。此即證明：幸福只能是一受制約的目的，因而亦即證明：只有作爲一道德的存有，人始能成爲"創造"（世界底存在或宇宙本身）之"終極目的"；而就人之存有之狀態而言，幸福只是那連繫到人之存有之狀態上的偶然之事（附隨之事），這偶然附隨之事乃是當作這樣一種後果看者，即當作比例於"人之與那終極目的（作爲"人之存在之目的"的那終極目的）相諧和之度"這樣一種後果看者：幸福只是當作這樣一種後果而連繫到人之存有之狀態上的一種偶然附隨之事。

〔譯者案〕：

　　一般有機存有之爲一目的是一自然目的。現實的人亦屬於自然者，因此他當是"自然之最後一級的目的"；其所以可爲"自然之最後一級的目的"乃因其生命中之文化性，即有可教可化之自然性能。"人"雖現實上是"自然之最後一級的目的"，然而他却不必能是"終極目的"（創造之終極目的）。

　　人之爲"創造之終極目的"是就人之爲一"智思物"（人之在其自己，人之物自身的身分）而言，這是不屬於現象，因而亦不屬於"自然"者，這乃是屬於"自由"者。故"終極目的"是就人之只可爲目的而不可作工具言，是不在現實相對比較之系列中者，是並無其他目的爲其可能之條件者，是不許問其"爲何目的而存在"者，故這樣的人之爲目的是終極目的。其所以可爲終極目的乃正因其自

由意志之無條件的立法作用而然。唯此立法作用才使人有
資格成為一終極目的，一切相對的自然目的皆隸屬於此終極
目的。因此，人之為一終極目的即是人之應為一道德的
存有，即依其自由意志之無條件的立法作用，循其無條件
的道德法則而行，而為一道德的存有。

　　自由意志固有其立法作用，亦有其對象（目標），此
目標籠統地說即是道德的善，確定地說即是"最高善"或
"至善"（無條件的善乃至圓善）。此最高善亦曰"最高的目
的"，此好像不同於"終極目的"。終極目的是就道德存有
的人、理想的人而言。但下 §87 及 §88 中，康德又以最
高的善（至善圓善）為終極目的。最高的目的（最高善圓
善）亦是作為終極目的的人所應努力以體現之者。因此，
這作為終極目的的人其存在之為必然亦正是為這最高目的
（最高善圓善）之故而為必然的。因為善乃至最高善圓善
皆是這作為終極目的的人之存在自身中所內在地含有者。
因此，作為道德存有的人之可以為終極目的亦正因其自身
中含有最高善圓善而然也，故終極目的亦正可以指最高善
圓善言。

§85

自然神學

（physico-theology）

　　自然神學是理性方面企圖從"自然之目的"（只能經驗地被知
者）去推斷自然之最高原因以及此最高原因之屬性。一道德的神

學（a moral theology）則應是企圖從自然中的理性存有之道德的目的（只能先驗地被知者）去推斷這最高的原因以及此最高原因之屬性。

自然神學天然地先於道德的神學（案意即： 依自然次序而言，先有自然神學， 然後始有道神德學。）因為如果我們想由目的論的論證，從世界中的事物，去推斷一"世界之原因"，則我們必須先要有 "自然之目的"（自然之目的必須首先被給與）。有了以後，我們卽必須為此等自然目的去尋求一"終極目的"，而此終極目的又迫使我們去尋求所說的最高原因底因果性之原則。

有許多自然的研究能夠，而且實在說來，亦必須依照目的論的原則而被處理，而用不着〔我們之乘機〕去研討至 "我們在各種自然之產物中所碰到" 的那 "合目的性的活動底可能性" 之根據（根源）。但是設若現在我們要想對於這根據（根源）有一概念，則我們實絕對無法在我們的純然反省判斷力底格言之外可有 "能悟入此根據" 的有效洞見。「那就是說」[1]，〔依據我們的反省判斷力之格言〕[2]，只要一簡單的有機自然產物一旦被給與，則「因着或隨着我們的認知機能之構造或本性」[3]，我們對於有機的自然產物所能思議的那唯一根據便就是這樣一個根據，卽此根據是一自然本身之原因（不管這所謂自然是全部自然抑或甚至只是自然之此特殊的部分）， 而且此根據亦可從一種知性去為這樣一種有機的自然產物引生出這必要的因果性。這是一個批判性的原則，這批判性的原則無疑在 "自然物或自然物之根源" 之說明中並不能使我們有絲毫推進。 雖然如此， 可是它能把這樣一種遠景展露給我們的視野，卽：此遠景可以擴展至自然之水平以外，並且它亦可以指點到我們之或許能夠更切近地去決定一根源的存有之概念，此一根源存有之概念，若不如此去決定之，凡用別法決定之者皆是毫無結果的。

〔譯註(1)〕：

案此依原文譯，第一英譯如此譯。

〔譯註(2)〕：

此爲 Meredith 譯，今改爲增加語。

〔譯註(3)〕：

案此依原文譯，第一英譯如此譯。Meredith 譯及第三英譯則譯爲："則我們的認知機能之構造或本性是這樣的，即：……"。案此譯非是。

現在我說：不管自然神學[1]可推進至如何遠，它決不能揭露給我們任何關於"創造之終極目的"的什麼事；因爲它甚至從未開始去尋求一終極目的。這樣說來，自然神學無疑能證成一睿智的世界因之概念，不過它所證成的只是這樣一個概念，即此概念只是主觀地(即只在關聯於我們的認知機能之本性中) 有效於"我們依照目的所能使之對於我們爲可理解"的那些事物底可能性之說明。可是自然神學既不能依一知解的觀點進一步地來決定此概念，復亦不能依一實踐的觀點進一步地來決定此概念。它的企圖達不到它所想的目的，即"去爲神學供給一基礎"之目的。就神學而言，此自然神學實仍不過只是一自然的目的論，除此以外，它不會再是任何別的事：因爲它所確認的那合目的性的連繫只被視

爲（而且亦必須被視爲）是隸屬於自然條件者。結果，它決不能
形成一種研究，去研究"自然本身爲之而存在"的那個〔終極〕
目的，蓋因爲這樣一個目的乃是如此者，即其根源必須尋之於自
然之外。可是那正是如此樣的終極目的之確定理念它才是這樣的
一個最高而睿智的世界因之確定概念之所依靠者，因而結果也就
是說，它才是一種神學底可能性之所依靠者。

〔譯註(1)〕：

　　案康德原文及其他兩英譯皆爲"自然神學"（physico-theology:
die Physiko-theologie），惟 Meredith 譯爲"自然目的論"
（physico-theology），此蓋筆誤也。

　　茲有一些問題，如：世界中的事物互相間有什麼用處？一物
中的雜多（各部分）對於此物有什麼好處？設若我們承認被視爲
目的的某些物應當存在，則每一東西皆合用於自然中之某一目的
或其他目的。我們若不作如此之承認，則我們如何有資格去假定
世界上沒有什麼東西是徒然的呢？一切這些問題皆意函着說：在
關於我們的判斷力中，理性在其支配力之範圍內，關於"它所必
應目的論地去評估之"的那對象底可能性之原則即是"把自然之
機械作用隸屬於一睿智的世界之創造者之建築性的作用"之原則，
除此以外，它再無其他原則；而那被指向於上面那些問題的"世
界之目的論的通覽"實很卓越而華美地表演了其任務，而且足以
使我有強烈的讚美。但因爲"用以去決定一睿智的世界因（視之
爲最高的藝術家者）這樣一個概念"的那些論據根據（data），

因而也就是說，那些原則，皆只是經驗的，是故這些論據根據或原則對於這睿智的世界因之屬性，除只允許我們去推斷其這樣的一些屬性，卽 "經驗把這些屬性揭露給我們而視之爲顯現於此世界因之運作所成之結果中者" 這樣的一些屬性外，它們不能再允許我仍去推斷出任何其他的屬性。但是由於經驗不能夠去把握那當作一系統看的集合的自然（自然之全體），是故它必須要時常去爲那些 "似乎與世界因之概念相衝突而且亦互相間有衝突" 的論據尋找支持者。但是經驗却決不能使我們越在自然之上而把我們升舉到自然底眞實存在之目的〔之決定〕處，或因而逐把我們升舉到那個最高的睿智體之一確定的概念處， "縱使經驗地去通覽全部純粹自然面的完整系統" 這種通覽眞是我們的力量之所能及，經驗也不能把我們升舉到那些地方去。

如果自然神學所想去解決的那個問題開始於一較 低 的 線 索（從較低處着手，不要想那麼高），則那問題之解決似乎是一容易的事。如是，我們可以思維一睿智的存有，它有一些至高無比的屬性，而却用不着爲建立一 "與最大可能的目的相諧和" 的自然界而充分去補足那些必要的屬性 。 不但可以如此思維， 而且我們也可以很夠甚至過奢地把一神體之概念應用於一切如上那樣思維所描述之存有中之一個或多過一個上。又，如果我們把 "因着隨意的增益而去補充一「證明之根據有缺陷」的學說或理論" 這種隨意補充之事視爲無足輕重之瑣事而忽之，因而又如果當我們只有理由去假定許多圓滿時（請問對於我們什麼是許多？），我們却認我們自己有資格去視一切可能的圓滿爲當然（其實不可以）：如果我們是如此云云時，則自然目的論便有一很有力的要

求，要求於"去為一神學供給基礎"之殊勳。但是茲有什麼東西
它可以引導我們，而且更可說，它足以使我們有權，依此路去補
充一"證明根據有缺陷"之學說呢？如果我們想要去指出那東西
是什麼，則我們將要徒然無效地白在理性之理論的（知解的）使
用之原則中去尋求任何"使我們有權"的根據。蓋因為理性之理
論的使用着重於要求這一點，卽：為了說明經驗底對象之目的，
我們只可把那些屬性，卽"我們為對象底可能性而尋找之於經驗
的根據中"的那些屬性，歸之於對象，除此以外，我們不可把其
他更多的屬性歸之於對象。依據較精密的研究，我們一定可以看
出：居於我們的程序所處分之事之基礎地位而為其根據者乃是一
最高存有之理念，此一最高存有之理念是基於理性之一"完全不
同的使用"上，卽基於理性之"實踐的使用"上者，而正是這個
最高存有之理念，卽"先驗地存於我們心中"的這個最高存有之
理念它迫使我們去補充那在自然中為自然目的論所供給的那些目
的之一根源的根據之有缺陷的表象，並且它把這一根源根據之有
缺陷的表象放大至一神性之概念而使之無缺陷。可是當我們已看
到這一點時，我們卻決不可錯誤地想像說："我們已開展了這個
理念"，並且想像說："用這個理念，藉賴着世界之物理知識中的理
性之知解的使用，我們已開展出一種神學"。夫既不可錯誤地如
此想，則更不可錯誤地想像說："這樣，我們便已證明了此理念
之實在性"。

　　古人想像衆神之間雖然在力量方面以及在意圖與性向方面有
很大的差異，然而祂們盡皆不移地受制於人的樣式，卽使統治諸
神的那個元首神亦不例外。我們不能因古人對於諸神有如此之想

法而深責之。因爲依據通覽自然中的事物之秩序與進行經過，古人固確然已發見足夠的理由去假定某種 "不只機械作用" 的東西以爲這些事物之秩序與進行經過之原因，並且去猜想在此世界之機械組織背後有某些較高原因方面的意匠設計之存在，關於這些較高的原因，古人只能思議之爲超人類的。但因爲他們又遭遇了善與惡，合目的與逆反合目的，這類事到處廣爲散佈着，至少就人之眼光看是如此，因而他們遂不能爲一個隨意的 "一切皆圓滿的創造者之理念" 之故而隨便假定說：茲有些神秘地明智而仁慈的目的（他們看不出這些目的有什麼證據）處在這一切明顯的相對反者之基礎地位而爲其根據：因爲他們是如此云云，是故他們的關於 "最高的世界原因" 之判斷很難不同於以前之判斷之所是而另有所是，卽是說，只要他們很嚴格一貫地遵循理性之純知解的（理論的）使用之格言而進行，他們的關於 "最高的世界原因" 之判斷總不外是仍然如故的。又有一些人，他們曾是物理學家，而依其曾爲物理學家之性格，他們又想亦爲神學家。如是，這一些人遂想：他們必會因着考慮或酌量自然事物底原則之絕對統一而把一種充分的滿足給與於理性，而那 "自然事物底原則之絕對統一" 乃是理性藉賴着如下那樣一種 "存有之理念" 而要求之者，卽：此一存有是唯一的本體，而那些自然事物底全部綜集則只作爲一些固有的變形模式（modes）而被含具於此唯一的本體中。雖然此本體必不會因着其睿智而爲世界之原因，可是它却會是一個主體（主詞），而世界中的諸存有方面的一切睿智必會具備或含具於此主體（主詞）中。因此，雖然此唯一本體決不會是一個 "依照目的而產生萬物" 的存有，然而它却會是這樣一個存有，卽在此存有中，一切事物（由於主體或主詞之統一，一切事物即是此主體或主詞之純然的諸決定）必須必然地依一合目的的樣式而互相連繫起來，雖然並無任何目的或意匠設計使然。這樣說來，這些亦想作神學家的物理學家們（自然學家們）遂引介出"目的因之觀念論"（目的因只是觀念並無實性之觀念論），其引介出目的因之觀念論是因着以下之辦法而作成，即：他們把那些"處在一合目的性的連繫中"的一大羣實體物之統一（這是一種很難去推源尋流的一種統一）從一種"因果地依待於一唯一本體"這種"因果的依待之統一"轉換成"固具於一唯一本體中"這種"固具之統一"。從"被含具而能附屬着"的諸存有邊看，此說法變成"泛神論"（Pantheism），而從那唯一自存的主詞之作為一根源的存有邊看，此說法經由一較後的發展，遂變成"斯頻諾薩主義"（Spinozism）。這樣，此說法，歸根結底，並未解決自然底合目的性之根源問題，它把這全部問題表象成一種無聊之空談，因為這樣的合目的性之概念，由於剝奪了其一切實在性，遂被化歸成"事物一般之普遍的存有論之概念"這種單純的誤解。

因此，我們見到：一"神體"之概念，即如"使我們的自然之目的論的評估之要求可得滿足"的那"神體"（Deity）之概念，它決不能依照理性底使用之純然知解的（理論的）原則而被開展，可是這些理性使用之知解的原則却正是自然神學所依靠的那些唯一的原則。因為設若我們肯斷說：一切目的論在判斷力之於評估事物底因果連繫這一方面只是一種虛妄，而且又設若我們只想託庇於自然之純然機械作用這唯一的原則中，如是，則由於所謂自然不過只是那"能統一之"之本體所具有的諸多變形或諸多決定，是故自然對於我們只顯為好像是要去包含有一種"普遍的關聯於目的"似的。〔其實無所謂目的也。〕如若不如此設想，而取另一種設想，即設想：我們不去採用這種"目的因之觀念論"，我們想對於這特種因果性去固守"實在論之原則"：如若如此設想時，則不管我們把自然目的基於好多個睿智的根源存有上，抑或把它只基於一個睿智的根源存有上，只要正當"我們見到我們自己除把實在論之概念建基於由世界中現實的「目的之連繫」而引出的經驗原則外，我們再沒有什麼其他東西可以把實在論之概念建基於其上"之時，我們便有以下之結果出現，即：一方面，我們不能不承認有"與合目的性的統一不一致"之事實，而自然亦可以呈現出許多事例以證明這種不一致之事實為不虛，而另一方面，只要當我們緊守着"純然經驗使我們有理由去引出之"的那東西時，我們便決不能得到一簡單的睿智原因之一夠確定的概念，得到之以便去滿足任何種神學，不管這神學將有什麼用處，是知解地（理論地）有用的，抑或是實踐地有用的。

自然的目的論迫使我們去尋求一神學，這自是真的。但是它本身不能產生一神學，不管我們把我們的自然之研究進行到如何遠，亦不管我們以"理性之理念"幫助完成那被發見於自然中的目的之連繫能完成到如何度（對物理或自然問題而言，所用之"理性之理念"必須是知解的或理論的"理性之理念"）。我們可以提出這合理的問題，即：如果關於所想的"終極意圖"，自然實並未而且亦實不能告訴我們以任何什麼事，那麼我們之把一切〔自然中的〕這些安排基於一偉大的而且對我們而言是不可測度的這麼一種睿智上，而且設想這麼一種睿智是依照諸種意圖而去

安排此世界： 我們之如此作爲， 這有什麼用處呢？因爲若離開
一 "終極的意圖"，我們便不能去把這一切自然目的關聯到一個
公共點，亦不能去形成一足夠的目的論的原則，以便去結合一已
知的系統中的一切目的，或去構成最高的睿智這麼一個概念，構
成之以便可以作爲這樣一種〔有系統的〕自然之原因，卽如 "祂
能對我們的判斷力之在其關於自然之目的論的反省中充作一個標
準" 這樣一種〔有系統的〕自然之原因。在以上 "因爲" 云云所
說的情形中， 我們一定有各 式各樣的目的方面的一種藝術性的
（技藝性的）睿智，這自是眞的，但却並無一 "終極目的" 方面
的 "智慧"，但這智慧，恰當地說來，却是那必須含有這樣的根
據者，卽 "經由此根據，那技藝性的睿智可以被決定" 這樣的根
據者。我需要有一終極目的，而且亦只有純粹理性始能先驗地提
供此終極目的，因爲世界中的一切目的盡皆是經驗地被制約的，
而且皆不能含有什麼是絕對地善的，但只能含有那對此偶然目的
或對彼偶然目的而爲善。 如果我要去評估自然爲一目的論 的 系
統，則單只這樣一個終極目的始會教告我 "我如何去思議自然之
最高原因"，卽教告我 "我須把一些什麼屬性，並依何度把一些屬
性，指派給此最高原因"， 以及教告我 "我如何去思議此最高原
因之關聯於自然"。依是， 若無一終極目的，則我有什麼自由或
權力隨意去擴張那 "基於我自己的一點世界之知識上" 的這樣一
個根源的睿智體（根源的知性）之有限制的概念，或隨意擴張我
所有的 "此根源存有之「眞實化其諸多觀念」之力量" 之概念，
或 "此根源存有之「意想去眞實化其諸多觀念 」之力量" 之 概
念，等等，不惟隨意擴張之，且還要使它膨脹，膨脹到 "一個全

智而無限的存有"之理念：我有什麼自由或權力隨意去作如此之
擴張與膨脹呢？假若我能夠知解地（理論地）去作此種擴張與膨
脹，則我必應在我自身內預設有無所不知的全智能夠使我去看到
自然之諸目的之全部係絡，而且此外，又能使我去思議一切其他
可能的計畫或設計，而當與此一切其他可能的計畫或設計相比較
時，眼前現存的這個設計，依據合理的根據，必應被評估為是最
好的一個設計。因為若對於作為結果的全部自然，乃至一切其他
可能的設計與計畫，無此圓滿的知識，則我的理性之推理作用決
不能達到最高原因之確定概念（此最高原因之確定概念只能被發
見於在每一方面皆是無限的這樣一個睿智體之概念中，即是說，
只能被發見於一神體之概念中），因而亦決不能為神學去建立一
個基礎。

　　因此，在自然目的論底一切可能的擴張之情形下，我們可以
緊守着上面所陳說的原則而說：鑒於我們的認知機能之本性與原
則，我們在關於那些"常見於我們而又展現合目的性"的諸自然
之調節中，只能思議自然為一種睿智體之產物，這一種睿智體乃
即是自然所隸屬之的那一種睿智體。但是此一睿智體在自然之產
物中以及在自然之作為一整全之構造中，是否也可以有一合目的
的意圖放在心中（若有，則那合目的的意圖必不會處於作為感取
界的自然中），這是自然之知解的（理論的）研究所從不能顯露
之的一種事。正相反，不管我們的自然之知識是如何的多，以下
之問題仍是一待決之問題，即：那個最高原因是否是自然之根
源，這一根源是一個始終依照一終極目的而活動着的原因：那最
高原因是否是自然之這樣一種根源呢？抑或那最高原因是否不寧

可是這樣一種根源，卽這一根源是藉賴着如此一睿智體而成，卽這一睿智體是因着其本性之單純的必然性而被決定至有某些形式或形態之產生（經由類比於那"在低等動物中我們所名曰技巧性的本能"者而被決定至有某些形式或形態之產生）：是否不寧可是這樣一種根源呢？ 以上之問題， 不管我們的自然之知識如何多，仍是不能裁決的。上兩問題中後一問題之說法（案此卽斯頻諾薩式的定命論的說法）甚至亦並不含有我們之可以把智慧歸給這樣的睿智體， 至於這樣的智慧，卽那"旣是最高而又與那「爲保證此睿智體之產物之圓滿而需要之」的那一切特性相聯合"的那種智慧，更不能歸給這樣的睿智體。

依此，自然神學是一被誤解了的自然目的論。它除作爲神學之一種預備外，它對於神學並無任何別的用處，而亦只當它爲一"它所依賴"的進一步的原則所補充時，它始能對那"作爲神學之預備"之目的爲足夠。但是如果依其自身而言，則如其名之所暗示，甚至作爲預備，它亦不是足夠的。

§86
道德的神學

茲有一判斷， 卽使是最普通的知性， 當它反省世界中的事物之存在以及世界自身之眞實存在時，也覺得這判斷是不可抗拒的。這判斷便是這斷定，卽：一切千差萬別的生命形態（儘管它們可與最偉大的技巧相協調並與極度變化多端的合目的的適應相連繫），以及甚至那"擁有這千差萬別的生命形態之各種系統"的那全部複合體，卽這不很正確地被名曰"世界"者，這一切，如果人類，或一種理性的存有，不被發見於其中，則它們必應是無所爲而存在着（即其存在必應不是爲什麼東西而存在）。換言之，全部世界，若無人存在於其中，必會只是一純然的荒野，一徒然無謂者，且亦無終極目的者。〔話雖如此〕，但那並不是人之認知機能，即知解的（理論的）理性，它形成這"關涉點"，單只這關涉點始能把價值給與於世界中的每一其他東西之存在，這樣給與之，好像人之現存於世之意義只是意在世界上可有一個人能夠使世界成爲一沉思默想之對象似的。〔人之認知機能當然不能形成那"使世界中的每一東西之存在有其價值"之關涉點。〕蓋因爲如果此對於世界之沉思默想除只照見或暴露無終極目的的事物外，它一無所照見或暴露，則世界之存在便不能從"其被認知"這一事實而獲得一價值。世界之一終極目的必須被預設爲是這樣一個物事，即：關聯於此物事，對於世界之沉思默想其自身就可以有一價值。可是那並不是在關聯於快樂之情或此情之綜集中我們始能思考宇宙本身或世界之存在爲有一特定的終極目的者，那就是說，那並不是因着福利，因着享樂（身體的享樂或心靈的享樂），總之，因着幸福，我們始看重那世界底存在之絕對價值。因爲"人，當其存在時，使幸福成爲其自己之終極意圖（final purpose: Endabsicht）"這一事實並不能供給我們以任何理由之概念以明人爲什麼一定要存在，亦供給不出人自己所具有的那任何價值之概念，對此價值概念而言，人之眞實存在必可被使成爲可愉悅於人者。（案意即這一事實亦供給不出人自身所具有的那"可使人之眞實存在爲可悅"的任何價值之概念。）因此，要想我們可有一理性的根據去說明自然（當其被視爲是依照目的之原則而成的一個絕對整全時）爲什麼必須與人之幸福〔之條件〕[1]相一致，則人必須早已被預設爲是創造（宇宙自身）之終極目的。依此而論，那只有意欲之機能（意志）它才能給出這所需要的"關涉點"——不過須知，這所謂意欲機能不是那"使人依待於自然"（通過感性之衝動而依待於自然）的那個意欲機能，卽是說，不是如下所說那樣的意欲機能，卽在關於這意欲機能中，人之存在底價值是依靠於人所接受者或所享受者：不是這樣意義的意欲機能。正相反，人之存在底價值乃是這樣的價值，卽這價值乃單只是人所能給與於其自己者，而且這價值亦正存於人之所爲者，正存於"人在意欲機能（意志）·之自由中活動"所依靠的那樣式以及所據的那原則，這價值亦並不可被視爲是自然底連鎖中之一環節。換言之，一個善的意志乃正是人之存在所單因以能有一絕對價值者，而且在關聯於善的意志中，世界底存在始能有一終極目的。

〔譯註(1)〕：

案此爲 Meredith 所補，原文無。看來此增補是多餘的。

健全的人類理性，只要一旦其反省是被引向於下面所發之問題而且被迫使來考慮下面所發之問題，則甚至其最平常的裁斷也與這判斷完全相一致，卽：那只有作爲一道德的存有，人始能成爲創造（宇宙本身）之一終極目的。所謂下面所發之問題乃卽是這問題，卽人們可以問：如果一個人沒有一善的意志，則這一切，卽如"他有許多才能，而且他甚至在此才能之使用上亦甚爲生動，因而他於社會而公共的生活上亦能發揮出一有用的影響力，因此，他在關涉於其自己之幸福狀態中以及在關涉於那對他人有好處的事情中，皆同樣有可觀的價值"：這一切又有什麼用呢？設從此人之內在的自我之觀點而觀之，此人實不足道，乃是一可鄙的人；而如果宇宙本身（創造）並非全然無終極目的，如是，則如上所說那樣一個人，雖然作為人，他是創造之一分子，然而作為一壞的人而居住在一服從道德法則之世界中，他却必須在依照這些道德法則中，以"剝奪其自己之主觀目的，卽剝奪其幸福"為"其真實存在所依以能與終極目的相一致"之唯一的條件。〔案意卽：只有在"剝奪其主觀目的，卽剝奪其幸福"這條件下，他之真實存在始能與終極目的相一致。〕

現在，如果我們在世界中找到一種"適合於目的"的秩序之事例，又如果，如理性不可免地所要求的那樣，我們把那些只屬有條件的目的隸屬到一個無條件而又是最高的目的上，卽是說，隸屬到一個終極目的上，如果是如此云云，則我們首先很易看出：那樣，我們並不是要處理一個"自然之目的"包括在被視為已存在的自然中，而是要處理"自然底真實存在其目的何在"，自然是"連同其所包括的有秩序的適應或安排"的自然，是要處理這樣的自然其真實存在有何目的。結果，我們看出：這所處理之問題是創造（宇宙本身）之"最後一級目的"之問題，更準確地說，是那最高條件之問題，卽"只有在其下，一終極目的的始能存在着"的那最高條件之問題，或換言之，這所處理之問題是一"根據之問題"，這一根據乃卽是那"決定一最高睿智體，決定之而至於有世界中的萬有之產生"者。

如是，那只有作爲一道德的存有，我們始能承認人可爲創造（宇宙本身）之〔終極〕目的。因此，我們首先有一理由或至少有一根本條件，它可以使我們去視世界爲一"互相連繫的目的之一貫的全體"，並視之爲一"目的因"之系統。現在，我們的理性之構造（本性）是如此，卽：我們必然地要把自然之目的關涉到一個睿智的"世界因"。如是，最要者，我們要有一個"可應用於此種關涉"之原則，此原則能夠使我們去思考自然，並能使我們去思考那"被視爲是目的王國中的最高根據"的那個第一因之種種屬性，因而使我們能夠去形成此第一因之一確定的概念。這不是那因着自然目的論而可被作成者，自然的目的論對於這樣一個根據，只能夠去暗示出一些模糊的（無決定性的）概念，正由於是模糊（不決定），所以遂使這些概念在實踐的使用上是無用的，其爲無用亦如其在知解的（理論的）使用上之爲無用。

說到像以上這樣一個根源存有底因果性之確定原則時，我們將不只須把此根源存有看成是一個睿智體並看成是一個爲自然而立法者，且須把祂看成道德的目的王國中一位能立法的統治元首。在關聯於最高善（圓善 Summum bonum）中，（只有在此統治元首底統治下最高善才可能），卽是說，在關聯於道德法則下的諸理性存有之眞實存在中，我們將思議此根源的存有爲無所不知者（Omniscient, all knowing），這樣，卽使是我們之最內在的隱微的傾向或心情（這裏卽藏有世界上理性存有之活動中的那顯著的道德價值），也不能逃避於祂而不爲祂所覺察。我們復亦將思議祂爲無所不能的 (Omnipotent, all-mighty)，這樣，祂可以能夠使全部自然適應於最高的目的（與最高目的相一致）；

並思議之爲既全善又盡公道，因爲這兩個屬性，它們兩者聯合起來形成智慧，足以構成這條件，卽在此條件下，世界之一最高的原因能夠是道德法則下的 "最高的善"[1] 之根源。同樣，其餘的一些 "超越的屬性"，例如永恆，無所不在（Omnipresence）等（因爲善與正義是道德的屬性，〔不屬超越的屬性〕），這一切在關聯於這樣一個終極目的中所被預設的屬性，將須皆被視爲是屬於此根源的存有者。這樣，道德的目的論遂補充了自然目的論之缺陷，而且它遂首先建立了一種神學。因爲自然目的論，如果不祕密地有所假借於道德的目的論，而但只以嚴格的邏輯嚴緊而進行，由其自己之資源而無旁的東西來幫助，則它除建立一 "鬼神學"（demonology）外，實不能建立任何事，而鬼神學〔對於超越的神體〕實不能有任何確定的概念。

〔譯註(1)〕：

　　案康德原文是 "höchsten Guts"（最高的善），Meredith 譯爲 "最大的善"（the greatest good），蓋是筆誤。又案依康德，"最高的善"卽是圓滿的善（圓善），而 "最高目的" 亦指此"最高的善"言。

但是，這原則，卽 "由於世界中的某些存有之「分定於道德目的」[1]（der moralischen Zweckbestimmung）之故，它要把世界關涉到一個作爲神體的最高原因上" 這個原則，並不能只因着自然目的論的論證之完成而建立此關涉，因而也就是說，並不能只因着必然地採用此自然目的論的論證以爲此關涉之基礎而建立此關涉。正相反，那個原則只能依賴其自己自身之資源，把我們的注意推進到自然之目的上，並迫使我們去研究那隱藏在自然之種種形態之背後的那不可理解地（不可測度地）偉大的藝術，這樣，我們便可把自然目的中的一種附帶的確證給與於純粹實踐理性所產生的那些理念。因為"世界中諸〔理性〕存有須服從道德法則"這一概念卽是一先驗的原則，人必須必然地依據此先驗原則來評估其自己。復次，如果茲有一世界原因，它意匠設計地活動着而且它又指向於一目的，則上面所提到的那道德關涉（卽"因世界中某些存有之分定於道德目的之故，世界須關涉到一作為神體的最高原因"這種道德關涉）必須必然地是一宇宙本身底可能性之條件，其必然地為一宇宙本身底可能性之條件恰如物理法則所決定的那關係之必然地為宇宙本身底可能性之條件。那就是說，設若這樣一個睿智的原因也有一終極目的，那道德關涉就必須恰如那"為物理法則所決定"的關係一樣，也必然地為宇宙本身底可能性之條件。"那道德關涉之為宇宙本身可能性之條件"乃又是一原則，理性甚至先驗地視此一原則為一個"在其目的論地評估事物之眞實存在上為必要的"一個原則。如是，全部問題乃被化歸於此一問題，卽：我們眞能有一"能夠滿足思辨理性或實踐理性"的根據去使"我們之把一終極目的歸給那依照目的而活動的最高原因為正當"嗎？因為以下所說的意思，卽"以我們的理性之主觀構造（性格）而斷，或甚至以我們對於其他存有底理性所能想像的任何事而斷，這樣的終極目的實不過就只是人，卽作為服從道德法則的人，除此而外，它不能再是任何別的東西"這層意思可以先驗地被認為是十分確定者；然而我們却完全不可能先驗地去認知自然秩序中的諸自然目的是什麼，而"想有任何種洞見去見到一自然不能離開諸自然目的而存在 ", 這尤其不可能。

〔譯註(1)〕:

　　康德原文 "der moralischen Zweckbestimmung", 直譯當爲 "道德的目的性的決定", Bernard 卽如此譯。其實此當譯爲 "分定於道德目的", "分定" 卽孟子所謂 "分定故也" 之分定。世界上某些理性存有如人類其本分就是要注定於道德的目的, 卽成德之目的。此等組合字, 在英文是很難翻的。Meredith 譯爲 "道德的而且是目的論的表意"(moral and teleological significance), 此則甚不達。而 Pluhar 則譯爲 "道德地注定於一目的"(morally destined for a purpose), 亦晦。

註　說

〔關於 "道德的神學肯斷有一神體" 之註說〕

　　試想像一個人正在其心靈被調節得合道德情感時之情形爲如何。如果他在美麗的自然環境中, 安閑而平靜地欣賞其存在時, 則他在其心內卽感覺到有一種需要, 需要爲其存在而感謝某一存有或其他。或在另一時, 在同樣的心靈狀態中, 他忽覺得他自己處於義務之壓力中, 這些義務乃是這樣的, 卽: 他只能因着其屈服於一自願的犧牲, 他始能盡此義務或想盡此義務; 如果, 他在其心內又覺得有另一種需要, 需要在盡此義務中去完成某種命令並需要去服從一最高的主宰。或又在無心狀態中, 他或可逸出義務之正軌，這樣，他雖不至使其自己要對他人負責，可是嚴厲自責之話語將落於一內部的耳官上，而他似乎聽到了一位"他向之申辯"的法官之聲音。總之，此時，他需要有一"道德的睿智體"。因為他是為一"目的"而存在着的，而此一"目的"即要求有一如此之"存有"，即，此一"存有"祂要以祂心中所想的那個"目的"或在符合於那個"目的"（案即終極目的）中來造成他〔之為人〕並造成這個世界。要想在以上所說的那些"感到"或"覺得"後面去為其動力或激發力而進行探究，這是徒勞無功的事；因為這些"覺得"或"感到"是直接地與最純粹的道德情感相連的，這些最純粹的道德情感便是感謝，服從與愧恥而謙卑（在應得的懲罰面前屈服），凡此皆是"朝向於義務"的一種心靈性向之特殊的變形。正只是那"傾向於想去擴大其道德情感"的心靈，它才在這裏自願地想像一個"不存在於世界中"的對象（案即上帝），以便（如可能時）它好在這樣一個"對象"底眼光中去證明其忠實性。因此，去形成這樣一種表象，即那"為一最高存有之真實存在而描畫一純粹的道德需要"這樣一種表象，這至少是可能的，（不但可能，而且此外，在我們的道德的思想習慣中即存有一種"去形成如此之表象"之基礎），因着那種表象，我們的道德性即在強力上有所增進，或甚至至少在我們的表象方面可獲得一領域之擴大，那就是說，我們的道德性為其運用而被給與了一新的對象。換言之，"去承認一道德的立法者離開世界而存在"這是可能的，而我們之去承認這樣一個道德的立法者是並沒有顧及理論的（知解的）證明而承認之，更也沒有顧及自我利益而承認之，但只依據一純粹道德的根據而承認之，（這一道德根據雖當然只是主觀的，然而却亦不受制於任何外來的影響），那就是說，但只依據那"唯為其自己而立法"的那一種純粹實踐理性之純然的推薦而承認之。而"我們之這樣去承認一個道德的立法者"這樣的一種心情（心靈傾向）很可是少見的；或又並不能長久，但只一瞬即過而並無一常住不變的結果；或這樣的心情（心靈傾向）也很可是一過即完而並沒有用心去對於那如此朦朧出的對象（道德的立法者）給與一點簡單的思想以思之，並亦沒有想去把這朦朧出的對象化歸到清楚的概念之麻煩。可是這樣的心情（心靈傾向）之根源是很明白的，不會弄錯的。其根源即是我們的本性中之本有的最初的道德性能，此一性能，作為一主觀的原則，它將並不許我們在通覽或默識世界中以世界之通過自然原因所引生的那合目的性為滿足，但却引導我們去把一作為基礎的最高原因引介入世界中，這一最高原因乃即是那依照道德法則而統治世界者。除以上所說者外，茲復有這事實，即：我們感覺到我們自己為道德法則所督促，督促我們去為一普遍的最高目的（即最高善，圓滿的善）而努力，然而同時我們却又感覺到我們自己以及一切屬自然界者皆不可能去達到此最高目的。復次，那也只當我們為此最高目的而努力時，我們始能判斷我們自己與一睿智的世界原因（〔最高的睿智體即神智體〕如其有之）之終極目的相諧和。這樣說來，如果我們沒有其他更好的理由以承認這個最高的世界原因，我們尚有一由實踐理性而引生出的純粹道德的根據以承認之（因為如此承認之並無矛盾），承認之以便我們可以不冒"視這樣的努力（即為最高目的而努力之努力）在結果上為完全無謂之事，因而遂終於不作此努力，懈怠鬆弛，而讓它枯萎下去"之險。

　　讓我們重述我們在這裏因着以上的那些註說所想去傳達者。首先，雖然"恐懼"無疑可以能夠產生許多鬼神（諸守護神），可是只有"理性"因着其道德原則始能去產生上帝之概念，而其產生此上帝之概念是不管有以下之情形的，卽不管那"經常傳布於那有關於「自然之目的論」者中"的那種重大的無知，並亦不管那嚴重的懷疑，這嚴重的懷疑乃是發自這困難者，卽"因着一充分建立起的原則而難以去和解那自然所呈現的相互矛盾的現象"這困難者：不管自然目的論中那種重大的無知，亦不管那發生自這樣的困難的那種嚴重的懷疑，理性總能經由其道德的原則而去產生上帝之概念的。復次，人的存在之內在的"道德注定"(1)（人的存在之內在的"分定於道德目的"）可以補充自然知識之缺陷，其補充這方面之缺陷是因着指導我們去把一最高原因之思想連接到一切事物底存在之終極目的之思想上而補充之。而語中所謂一切事物底存在之終極目的，這終極目的乃是這樣一個目的，卽"其原則只能從一道德的觀點來滿足理性"這樣一個目的；而所謂最高原因，這最高原因乃是被賦與以如此樣的一些屬性者，卽因着這些屬性，那最高原因可以有力量把全部自然隸屬於那簡單的意圖（卽意匠設計）上，並且它使那全部自然只為達成那簡單的意匠設計（意圖）之工具：人之存在之內在的道德注定（內在的分定於道德目的）卽因着指導我們去把一如此樣的最高原因之思想連接到一切事物底存在之如彼樣的終極目的之思想上而補充自然知識之缺陷。換言之，人之存在之內在的道德注定（內在的分定於道德目的）實指導我們去思考這最高原因為一神體。

〔**譯註**(1)〕:

　　案此譯原文 "分定於道德目的" 爲"道德注定"比前 §86 節末〔譯
註(1)〕所示者較好。

§87
上帝底存在之道德的證明

　　我們有一自然的目的論， 這自然的目的論爲我們的理論的
（知解的）反省判斷力供給出充分的證據，供給之以便使我們能
夠去承認一"睿智的世界原因"之存在。但是在我們之自身內，而且
更可說，在一理性存有一般之概念中（所謂理性存有即是那"具有
其因果性方面之自由"的存有），我們復亦發見一道德的目的論。
但是由於我們自己之"關涉於一目的"（die Zweckbeziehung），
連同支配此 "關涉於目的"的法則，可以先驗地被決定，因而也
就是說，可以被認知爲是必然的，是故道德的目的論並不有需於
任何睿智的原因在我們自己之外以便去說明這內在而固具的合法
則性，此正恰如我們在圖形之幾何特性中考慮那合目的性者（考
慮那些幾何特性之適合於一切可能的技巧使用）並不需要我們在
那些幾何特性之外去依賴或指望一最高的知性把此合目的性賦與
於那些幾何特性。但是雖然如此，此道德的目的論之處理"吾人"
却是把 "吾人"當作世界中之存有而處理之，因而也就是說，把
"吾人"當作與世界中的其他事物相連繫的存有而處理之；而這些

同一道德法則又皆囑咐我們去把我們的考慮轉到世界中的這些其
他事物上，把這些其他事物或視之為目的，或視之為這樣的一些
對象，即在關涉於這些對象中，我們自己便就是終極目的。如
是，這道德的目的論是這樣的，即：它要處理"我們自己的因果
性"之關涉於"目的"，或甚至關涉於我們在世界中所必須提出的
那"終極目的"，以及處理那"潛存於世界與道德目的間"的交互
關係，並還要處理"在外在條件下去真實化那道德目的"之可能
性 (關於此事，沒有自然目的論能給我們任何指導)： 要處理這
些問題的那道德的目的論它要發出一個必然的問題。因為我們必
須問以下之問題，即：這道德的目的論是否真迫使我們的理性的
判斷 (vermünftige Beurteilung) 要走出世界之外而去在關於
"自然之關聯於我們的存有之道德邊"中尋求一睿智的最高原則，
尋求之以便我們可以形成一自然之表象為"能展現合目的性"者，
其能展現此合目的性是亦在關聯於我們的內在的道德的立法以及
此道德的立法之可能的真實化中而展現之：這道德的目的論是否
真迫使我們的 "理性的判斷" 一定要如此云云嗎？這一必然的問
題，我們必須要問。因此，茲確有一道德的目的論。這道德的目
的論一方必然地與自由之法理 (nomothetic) 相連繫，一方又必
然地與自然之法理相連繫，其必然地與此雙方之法理相連繫正恰
如市民立法之必然地要與 "行政權在什麼地方被尋求" 之問題相
連繫。事實上，在這裏，茲有與被發見於每一事物中的那連繫相
同的連繫，所謂每一事物中之事物乃是這樣的者，即在此等事物
中，理性要去對於那 "只依照理念而可能" 的某種齊一的事物秩
序之實現指派一原則。在這裏，即有與那被發見於這樣云云的每

一事物中的那連繫相同的連繫。如是，以下我們將首先去展示理性如何由上說的道德的目的論以及其與自然的目的論之關係前進到神學。如此展示已，我們將對於"理性之如此前進或推論"之可能性以及終局確實性（有效性或說服力 Bündigkeit）作一些觀察或考查。

如果我們假定某些事物之存在，或甚至只假定事物之某種形態之存在，是偶然的，因而也就是說，是只有藉賴着某種其他東西以爲它們的原因，它們始成爲可能的，如果是如此云云，則我們可以或在物理秩序中或在目的論的秩序中，卽是說，我們可以或照料效應的連繫或照料合目的的連繫，去尋求此種因果性之究極根源，因而也就是說，去尋求那有條件者之無條件的根據。換言之，我們可以問：誰是那究極的有效因，或我們可以問：什麼是這究極的有效因之究極的目的或絕對無條件的目的，卽是說，可以問：一般言之，此究極有效因產生這些事物或產生其一切產物所爲的那個終極目的是什麼。在此後一問題中以下那些意思，卽："此原因能夠形成一種目的之表象，因而結果也就是說，此原因是一睿智的存有，或至少此原因必須被我們思議爲是依照「一個睿智的存有所具有的諸法則而活動着」者"，這些意思顯然已被認爲是當然的事了。

現在，設若我們遵循目的論的秩序，如是，則便有一基本的原則，對此基本原則，甚至最通常的人類睿智也不得不直接地承認之。那基本原則便卽是此原則，卽：如果實有要成爲一終極目的者，此成爲終極目的者乃是理性所必須先驗地指定者，如果是如此云云，則那成爲終極目的者只能是"在道德法則之下服從道

德法則”[1] 的人（或世界中任何理性的存有）。何以故如此？這
是因爲以下的緣故而然（既因爲以下的緣故而然，故以下的緣故
也是每一個人所有的裁決），卽：如果世界只由無生命的存有而
組成，或甚至只部分地由“有生命的但却是非理性的存有”而組
成，則這樣一個世界底存在必不會有任何價值，因爲在這樣的世
界中必不會有任何存有它對於“什麼是價值”會有絲毫概念。另
一方面，如果世界中實存在着理性的存有，又如果雖卽存在着理
性的存有，然而這些理性的存有之理性却只能夠在“自然對這些
理性存有”所有之關係中，卽是說，只能在“這些理性存有之
福利”中，去安置“事物底存在之價值”，而並不能夠由根源處，
卽在這些理性存有之自由中，去爲這些理性存有自己獲得一種存
在之價值，如是，則在世界中誠可有相對的目的，但却並無絕對
的目的，因爲此類理性的存有之存在必總仍然會空無一目的。但
是，道德法則在一“無任何條件”的目的之形式中，因而結果也
就是說，卽在一終極目的之概念所需要的那形式或樣子中，去爲
理性規定某種事，這乃正是道德法則之顯著的特徵。因此，單只
像那“在目的之秩序中能夠是其自己之最高法則”這樣一種理性
之眞實存在，換言之，單只那“在道德法則之下服從道德法則”[1]
的理性存有之眞實存在，始眞能被視爲是一個世界底存在之終極
目的。但是，如果不是如此，則便或者根本沒有任何目的存於那
“作爲世界底存在之基礎”的原因中，或者卽使有些目的存於那原
因中，那些目的亦只能是一些無一終極目的的的目的。

〔原註(1)〕:

我是審慎地說"在道德法則之下服從道德法則"這句話的。那作為創造（宇宙本身）底終極目的者並不是"與道德法則一致"的人，那就是說，並不是在與道德法則相符合中，或合乎道德法則地生活着的人類。因為若用這後一說法去表示終極目的，這所肯斷的必會多過我們所知的，那就是說，我們須要肯斷以下一點，卽:"去保證人必總是符合於道德法則"乃正是在世界底創造者之力量之中者。但是要這樣肯斷，這就須預設一自由之概念並須預設一自然之概念（單只關於這自然之概念，我們始能思考一外在的創造者），這一自然之概念它亦函蘊着我們之有這樣一種洞見，卽:"洞見到自然之超感觸的基體"之洞見以及洞見到"自然(1)之同一於那「因着通過自由而成的因果性」而被致使在世界中成為可能者"之洞見。但是這樣一種洞見遠超過了我們的理性之洞見之所能及。那只是關於"在道德法則之下服從道德法則"的人，我們始能夠不越過我們的洞見底範圍之外而去肯定說:人之存在足可形成世界底終極目的。此一陳述也完全符合於人類理性之"在其由一道德的立場而反省世界之經過中"之裁決。我們相信:卽使在邪惡者之情形中，我們也覺察了事物中的明智設計之痕跡，如果我們看到了反覆無常的荒唐罪犯在其未受"其惡行之公正懲罰"以前是不會死亡的時。依照我們的自由因果性之概念，善行或惡行皆依靠於我們自己。但是當我們想及管轄世界的最高智慧之所在處時，我們認為那所在處卽在於這事實，卽：善惡行之緣由，以及隨善惡行而來的後果，皆是依照道德法則而被注定了的。恰當地說，上帝底光榮卽存於善惡行之後果中（存於善有善報惡有惡報之後果中），因此這上帝之光榮並非不適當地被神學家們名之曰創造（造化或宇宙本身）之最後一級的目的。我們還要加說一點，卽：當我們使用“創造”（造化 Creation: Schopfung）這個字時，我們只是用之去意謂這裏所說者，卽去意謂一世界底存在之原因，或去意謂世界中的事物卽諸自體物底存在之原因。此亦就是此字底嚴格意義之所傳達者：“創造（造化）就是一個體物（自體物）之實現”（actuatio substantiae est creatio 意等於 Creation is the actualization of a substance）。因此，此“創造（造化）”一字並不函蘊一個“自由地活動着因而亦是睿智的”這麼一個原因之假定。這樣一個睿智的原因之存在乃正是我們所想去證明之者。〔案說創造或造化意指世界底存在之原因或萬物存在之原因，這存在之原因是氣化意義的原因，故不函說它是自由活動着的原因，亦不函說它是一最高智體意義的原因，此後者是超越的，須從道德目的入。創造（造化）之為世界存在之原因旣是氣化意義的原因，故此字亦簡單地只被譯為“世界底存在”或“宇宙本身”，卽氣化的世界或宇宙本身也。〕

〔譯註(1)〕：

案 "自然" 一詞原文是個代詞 dessen，是 der, das 之所有格之代名詞，Bernard 及 Meredith 俱譯爲 "its"，是指前面 "自然之超感觸基體"言，Pluhar 譯卽明標爲 "此基體"（this substrate）但若如此，則於義理不通。故此代詞當指"自然"（der Natur）而言，不指"超感觸的基本"（das übersinnliche Substrat）而言。說 "洞見到自然之同一於自由因果性所使之在世界中成爲可能者"，這於義理是很通的，雖超過了吾人理性之能力。

道德法則是我們的自由之使用之形式的理性條件，而卽如其爲形式的理性條件，它又獨立不依於任何 "作爲其材質條件" 的目的，而僅以其自己卽可把其責成於我們者置於我們身上而使我們必須去爲之。但是它也爲我們規定一終極目的，而其規定之是先驗地規定之，並且它使 "向終極目的之達成而努力" 這一義成爲對於我們有責成作用者，卽責成我們必須努力向之而趣也。此一終極目的卽是 "至善"（Summun bonum 圓善），此至善，作爲世界中之最高的善，乃是通過自由而可能者(1)。

〔譯註(1)〕：

案前 §84 末言終極目的是指作爲道德存有的人卽理想的人而言，此處又以最高善（至善，隱指圓滿的善）爲終極目的。案前曾以最高善（至善圓善）爲最高目的。故此處言終極目的實當改爲最高目的，或實意指最高目的（至善、圓善）而言。

　　茲復有一主觀的條件，在此主觀條件下，人以及我們所能思議的每一理性的有限存有，在服從上說的道德法則中，能夠去把一"終極目的"（案當爲最高目的即圓善）置於其自己面前。此主觀條件維何？曰：即幸福是。結果，世界中最高可能的物理的善（身體的善，人之存在方面之種種自然的相好），以及"須盡我們之所能，當作終極目的（最高目的），而被促進"的這一最高可能的物理的善，便就是幸福，而這幸福又須服從"個人與道德之法則相諧和"這一客觀條件，而這客觀條件乃被視爲是"人之值得有幸福"的一個條件。

　　但是我們不能單因着我們的理性之機能去把終極目的（最高目的圓善）上的兩種要素（德與福）表象給我們自己；這裏所說的終極目的（最高目的圓善）乃即是道德法則所提薦給我們者，而此道德法則乃是只藉賴着自然原因而被接合到且亦符合於默想中的終極目的（最高目的即圓善）之理念者。我們不能單因着我們的理性之機能即可把如此所說的道德法則所提薦給我們的那終極目的（最高目的，圓善）之兩要素（德與福）表象給我們自己。依此，如果我們不把自然外的任何其他辦法底因果性帶進來而使之與我們的自由相聯合，則通過我們的力量之應用而成的這樣一個目的（即最高目的，圓善）之實踐的必然性之概念並不能與"這目的之達成或有效化底物理的可能性之理論的（知解的）概念"相諧和一致。

　　依此，我們必須假定一"道德的世界原因"，即假定"世界之創造者"，如果我們想要把一"符合於道德法則之所需要者"的終極目的（最高目的圓善）置於我們自己面前時。而只當"去把一終極目的（最高目的圓善）置於我們面前"是必要的時，則卽在此限度內，卽是說，卽依此同樣程度與依此同樣的根據，"去假定一世界之創造者"這亦是必要的，或換言之，"茲存有一上帝"[1]這亦是必要的。

〔原註[1]〕：

此道德的論證並不想對於"上帝底存在"去供給一客觀地有效的證明。它並不想對於懷疑上帝的人去證明說："茲存有一上帝"；它但只對之而證明說：如果他想依一"與道德相一致"的樣式而思維，則他卽必須採用"存有一上帝"這一命題之假定以為其實踐理性之一格準。復次，此道德論證亦並不想去肯定說：為了道德之目的，所以必須去假定"世界中一切理性存有之幸福皆應配稱於其德行"。正相反，那只是因着或藉賴着道德，這假定才被迫使成為必須的。結果，這道德的論證是主觀地足夠的，並且是對道德的存有而為足夠的。

關於上帝存在之這一道德的證明，我們很易給以邏輯緊嚴之形式。可是這一"容易給以邏輯緊嚴形式"的道德的證明並不函蘊着說：「去假定上帝之存在」之為必然正如「去承認道德法則之妥效性」之為必然，因而，如果一個人，他若不能使其自己信服上帝底存在，他同樣亦可認定他自己可以免除道德法則所置定的那些責成你義不容辭的責任或義務"。那道德的證明決不函蘊這層意思。在不能使我們自己信服"上帝存在"之情形中，那必須被廢棄的一切便即是"世界中的終極目的（最高目的）之預想圖謀可以因着道德法則之追求而被完成"，即是說，"理性存有底幸福之諧和地與道德法則之追求相聯合以為世界中之最高善（圓善）"之預想圖謀必須被廢棄。每一理性存有必須繼續去承認其自己是確定不移地為道德的箴言（訓誡）所約束者，因為理性存有之道德法則是形式的並且是無條件地命令着的，這些道德法則是用不着去顧及任何目的的（即用不着顧及那"作為意志之材料或內容"的目的的）。但是，終極目的中之另一要素，如實踐理性所規定給世界中的理性存有的那一要素，便即是深植於這些理性存有（依其本性而為有限存有這樣的理性存有）心中的一個不可抗拒的目的（案即幸福這一個目的）。理性只當其視此目的（幸福這個目的）為以"服從道德法則為不可侵犯的條件"時，而且只當其必只依此條件而使此目的（幸福這個目的）成為普遍的時，它始贊助或鼓勵此目的（幸福這個目的），否則它決不贊助或鼓勵之。這樣說來，理性實是使"符合於德"的福之推進成為吾人之終極目的（最高目的）。在關於幸福中，就我們的力量之所能及，"去促進此終極目的"，這是道德法則所命令於我們者，不管此努力之成果可如何。義務之充盡存於最真摯的意志之形式中，並不存於那"有貢獻於成就"的諸居間的原因中。

如是，設想有一個人，他一方面因着那一切甚被稱讚頌揚的思辨論證之脆弱而改變其信念，一方面又因着他在自然界與道德界中所見到的那許多不規則的情形而改變其信念，因如此之改變，如是，他遂變成是確信這命題者，即："茲並無上帝之存在"。縱然他不信有上帝之存在，然而如果如此之故，他遂想去

視義務之法則 （卽關於成立義務的那些道德法則） 爲只是空想
的，無效的，非有責成性的，並想勇敢地決心去違犯這些義務之
法則，如是，他在其自己之眼中必會是一無價值的人。設讓我們
再設想這樣一個人他以後眞能使其自己信服他先前所曾懷疑過的
眞理，卽以後他不再懷疑上帝存在，而信有上帝存在，設若一人旣
已是如此矣，可是如果他仍執持上述之思考路數，則他必會仍舊
是無價值者。只要就現實的行爲而論，縱使他盡其義務是如所能
被欲的那樣而嚴格地盡之，可是其如此嚴格地盡之是從恐懼或意
在報賞之立場而盡之，而對於義務却並無一內在的尊敬：如是，
他仍然必會無價值（不足道）。反之，如果作爲一信有上帝的人，
他遵守其義務是依照其良心，正直地而且無利害關心地遵守之，
可是如果正在此時，他又如此試驗其自己，卽：當他把〝其突然
能夠使其自己信服「 茲並無上帝之存在 」〞之情形置於其眼前之
時， 他又可立刻相信其自己可以免受一切道德責成之束縛，〔而
只由其良心卽可自然地遵守其義務〕，如果他是如此云云，則〝他
的內在的道德心向之情況只能是壞的 。（ 意卽其內在的道德傾向
是在一不好的或不健全的情況中，案此須知康德所說的良心並不
同於陽明所說之良知，參看拙譯第二批判附錄論良心處。）

　　如是，讓我們再試想一正直的人，例如說像斯頻諾薩這樣的
人；他思量他自己是堅決地相信〝無上帝之存在〞者，且亦是相
信〝無未來的生命〞者（因爲在關於道德之目標中，亦有與此同
樣的結果發生）。 旣然如此，那麼，他將如何評估其個人內在的
〝分定於目的〞（ Zweckbestimmung ） 這種分定呢 ？（ 這〝分
定於目的〞之分定乃是由他在實踐中所崇敬的道德法則而引生出

者）。他並不需要 "法則之遵守（Befolgung）"⁽¹⁾ 必帶給他以任何私人的好處，不管是今生的，抑或是來生的。正相反，他的意志是無利害關心地只去確立 "神聖的法則把他的一切力量所指向之" 的那種善（即最高善，圓善）。但是他在其努力中是受限制的。他誠可以期望去找出一個機會，這機會時或與那 "他猶覺得他自己必須而且被迫着要去實化之" 的那個目的（即最高目的）協合一致，但是他決不能期望在自然中去找出一齊一的契合，即一依照固定的規律（"回應其格言之所實是以及主觀地所必是" 的那些固定的規律）而來的始終一貫的契合，契合於那 "他所必須要去實化之" 的那個〔最高〕目的。欺騙、冒瀆，以及嫉妒將總是盛行而環繞着他，雖然他本人是正直的，和靄的，而且是仁慈的；而他在世界上所遇見的另一些正直的人，不管他們是如何之值得有幸福，將因着自然（不管你值得不值得有福的那自然）而致使遭受到匱乏、疾病，以及死非其時的死亡這一切的不幸，恰如世上其他動物之所遭遇。而這情形將繼續下去永遠是如此，直至有一個廣大的墳墓把他們一切盡皆吞噬掉（正直的，不正直的，在墳墓中並無分別），而且把他們都擲回他們所從來的那無目的的 "物質混沌" 之深淵裏而後已（他們雖即能相信他們自己是創造或造化之終極目的，這亦無用，他們仍同歸於那無目的的物質混沌而後已）。這樣說來，這樣一個目的，即此正直的人，在其遵守⁽¹⁾道德法則中，他所自會把它記在心裏而且應當把它記在心裏，這樣一個目的（即圓善這一最高目的），必會確然被他所放棄而視之為不可能者。但是，或許他決心仍然去忠於其內在的道德天職之呼喚，而且他亦不情願讓這尊敬之情，即 "道德法則所由以

直接鼓舞着他使他來服從這道德法則"的這尊敬之情，由於那
「回應此尊敬之情底高度要求」的那一個理想的終極目的（即最
高目的即圓善）之歸空之故，而被減弱下去。尊敬之情若一旦
被減弱下去，則這不可免地要損害其道德情操，以此故，他
不情願讓其尊敬之情被減弱。如果這一正直的人尚是如此樣的
時，則他必須假定世界底道德的創造者之存在，即是說，他必須
假定上帝之存在。由於此假定至少並不含有什麼本質上是自相矛
盾的成分，所以此正直的人可以很容易地從一實踐的觀點來作此
假定，那就是說，至少為形成"道德地規定給他"的那個"終極
目的（最高目的即圓善）底可能性"這一概念之故而去作此假
定。

〔譯註(1)〕:

　　案德文原文 "Befolgung" 是 "遵守" 的意思，Meredith 譯為
"pursuit（追求），非是。故照改。

§88

道德的證明底妥效性之限制

純粹理性，即 "被視為是一實踐能力" 的那純粹理性，那就
是說，"被視為是一種決定我們的「因着理念或純粹理性之概念
而成的因果性之純粹使用（自由使用 freien Gebrauch）」的能
力" 的那純粹理性，它不僅在其道德法則中具有一原則是我們的

行爲之軌約原則，而且藉賴着那道德法則，它同時復供給另外一個原則，此另外一個原則，從一主觀的觀點來看，乃是一構造原則。此一構造原則乃是被含於這樣一個對象之概念中者，即這對象乃是"只有理性始能思之"者，而且它是要通過我們的行爲之符合於那道德法則而可被眞實化於世界中者。因此，服從道德法則中的自由底使用中的一個終極目的（最高目的）之理念有一主觀實踐的實在性。理性先驗地決定我們盡我們之所能去促進最高善。此最高善（圓善）是因着世界中理性存有之"最大的福利"與這些理性存有之"成爲善人之最高條件"這兩方面之相聯合而形成，或換言之，它是因着普遍的幸福與嚴格的德行這兩方面之相聯合而形成。現在此終極目的（最高目的即圓善）底兩因素中之一因素之可能性，即幸福因素之可能性，是經驗地受制約的（有條件的）。這一因素之可能性是依靠於自然之如何被構成，即是說，它是依靠於自然是否與此終極目的（最高目的）相諧和。因此，從一知解的觀點而觀，它是或然的；而另一因素，即德行一因素（關於此因素，我們是獨立不依於自然之合作的），則是先驗地確保其可能，而且是斷然地確定的。依此，這事實，即："我們有一終極目的（最高目的）先驗地擺在我們面前"這一事實，它並不能滿足世界中理性存有底終極目的（最高目的）之概念之客觀而知解的（理論的）實在性之一切需要的。這一終極目的之概念之客觀而知解的實在性還要有進一步的需要，即需要：創造（造化），即世界本身，在關於其眞實的存在中，一定也要有一終極目的。（案創造、造化、或世界本身底終極目的，依前§84，即指作爲道德存有、智思物、人極之人而言者）。假定我們眞能夠先驗地證明世界本身也有這樣一個目的（終極目的），則這必可經由一客觀的實在性來補充終極目的（最高目的即圓善這一目的）之主觀的實在性。因爲如果世界本身眞有一終極目的（最高目的）， 則我們除把此終極目的思議之爲"必然地與我們的道德能力相諧和"外，我們不能有別法以思議之，而所謂"必然地與我們的道德能力相諧和"語中之道德能力乃卽是那"唯一能使一目的之概念爲可能"的能力。但是現在，我們在世界中實見有那"確然是目的"者。事實上，自然的目的論到處展示有目的，其所展示之目的是如此之多，以至於：如果我們讓理性來指導我們的判斷，則我們終於有理由去假定"自然中決無什麼不曾有其目的者"， 假定之以爲"研究自然"所依據的原則。但是在自然本身中，我們要想去尋找自然本身所有的終極目的（最高目的）， 這却是白費的。因此，恰如此終極目的之理念只處於理性中，是故那亦只有在理性的存有中，這樣一個目的本身始能而且必須當作一客觀的可能性而被尋求。但是這些理性存有底實踐理性不只是指定此終極目的（最高目的），且亦在關涉於那些條件，卽"世界本身之終極目的（最高目的）只有在其下始能被思"的那些條件中，來決定此終極目的之概念。

現在，這問題便發生， 卽： 依那"滿足純粹理性之知解的（理論的）需要"的樣式而去實化或去確立"世界本身之一終極目的之概念之客觀實在性"， 這是不是可能的呢？此實不能對決定性的判斷力而必然地被作成。可是，對知解的（理論的）反省判斷力之格言而言，它豈不可以充分地被作成嗎？這是"所能要求於思辨哲學"之最少的一點，這最少的一點它藉賴着一簡單目的之理念去把道德的目的與自然的目的連繫起來。可是卽使是這最少的一點也仍然遠多過思辨哲學所曾能完成者。

設讓我們從理論的（知解的）反省判斷力之原則（或格言）之立場來看這事。如是，對合目的性的自然產物而言，我們豈不是有理由去假定一最高的"自然之原因"，此一最高的"自然之原因"，在關於自然之實現中，其因果性，或說其創造之活動，必須被看成是特別不同於自然之機械作用之所需要者，或換言之，必須被看成是一種知性底因果性（一種睿智體底因果性）：我們豈不是有理由去假定一如此云云的一個最高的"自然之原因"嗎？如果我們實有理由去作如此之假定，則依據上面那個原則（上面所說理論的反省判斷力之原則或格言），我們一定可以說：我們也充分有理由不只可以把流布於自然間的諸目的歸給此根源的存有（此一最高的睿智體），且亦可以把一終極目的歸給此根源的存有（此最高的睿智體）。以上所說固不足以合用於證明這樣一個根源的存有之存在，然而至少，如在自然目的論中的情形那樣，它實是一種論據，此一論據足以使我們相信：要想去使這樣一個世界底可能性對於我們自己為可理解，我們必須不只要注意於諸目的（卽流布於自然間的諸目的），且亦必須把此世界底眞實存在歸屬到一個作為其基礎的終極目的（最高目的）。

但是一終極目的，簡單地說來，只是我們的實踐理性底一個概念，而且它不能由任何經驗與料（故實）而被推斷出，推斷出之以便對於自然去形成一理論的（知解的）評估，不特不能如此，它且亦不能應用於自然之認知。此概念之唯一可能的使用是對那"依乎道德法則"的實踐理性而言的；而世界本身之終極目的是世界之如此樣的構造卽構造得與“我們只能依照法則而確定地詳列之”的那種東西相諧和，卽是說，是構造得與“我們的實踐理性之只當其要成爲實踐的時”之終極目的相諧和。現在，藉賴着“以終極目的來吩咐或責成我們”的那道德法則，我們有理由，從一實踐的觀點，卽是說，在我們的力量之指向於那終極目的之眞實化上，去假定這終極目的是可能的，或換言之，去假定這終極目的是可實踐的。因而結果也就是說，我們也有理由去假定“與這樣一種可能性相諧和”的這麼一種事物之本性，蓋因爲終極目的（最高目的，圓善）之可能性是隸屬於一個“不在我們的力量之內”的條件 (1) 的，而且若不是自然把那條件展示於我們手中，則那終極目的之眞實化是不可能的。因此，我們有一道德理由去假定：只要我們有一世界，我們也有世界之一終極目的。

〔譯註(1)〕：

案“不在我們的力量之內”的那個條件卽是“事物之存在”這一條件，卽“幸福”是。幸福是屬“存在”邊事，“存在”不是我所能掌握的。事物之存在，卽事物之本性，它若順適如意，它卽是幸福。這樣，終極目的（最高目的，圓善）便有眞實化之可能。世界本身，一切造化，皆企向於圓滿，故以圓滿的善爲最高目的（終極目的）。

此尙不能使我們從道德的目的論推到一神學，卽是說，推到一道德的世界創造者之存在，但只能推到世界之一終極目的，此一終極目的乃是依上說的樣式而被規定者。現在，要想去說明此

世界，即是說，要想去說明"符合於一終極目的（最高目的)"的
那些事物之真實存在，第一，我們必須承認有一睿智的存有，第
二，我們必須承認這一睿智的存有尚不只是一睿智的存有（如我
們想去說明那些"我們被迫着去評估之為目的"的事物時所已必
須承認的那樣一個睿智的存有)，且須同時作為世界之創造者，
祂亦是一道德的存有，因而結果也就是說：我們必須承認有一上
帝。現在，我們可問：我們必須要這樣承認嗎？此種承認含有一
進一步的推論，而此進一步的推論是有這樣性格的，即：我們
見到它只是在為這判斷力即"因着實踐理性之概念而行判斷"這
種判斷力而作的推論，既如此，所以它亦只是為反省判斷力而
抽引出的推論，而並不是為決定性的判斷力而抽引出的推論。就
我們人類而言，道德地實踐的理性，從其原則而觀，本質上自不
同於技術地實踐的理性。但是，當是如此之時，我們却不能自以
為可以去見到：此種同樣的區別也必須在最高的世界原因之情形
處可以合用，如果這最高的世界原因被假定為是一睿智體時，並
自以為可以見到：在此最高原因方面，一特種的因果性是對終極目
的而言為必要者，而且是不同於那簡單地只是對自然目的而言為
必要者，或因此，遂自以為可以見到：在我們的終極目的中，我們
不只有一道德的根據去承認那當作一結果看的"世界本身"之一終
極目的，且亦有一道德的存有作為"世界本身之根源"。我們雖不
可自以為有如此等等之識見，然而我們却完全有資格去肯斷說：
我們的理性能力之本性是這樣的，即：若無一"世界之創造者或
統治者"（此一統治者亦是一道德的立法者)，我們便完全不可能
去使那"關聯於道德法則以及此法則之對象，即如存在於此終極

目的中那麼樣"的一種合目的性之可能性爲可理解。〔案這一句拆開譯便是如此：我們便完不可能去使以下一種合目的性之可能性爲對於我們自己爲可理解者，所謂以下之一種合目的性乃是這樣一種合目的性，卽此合目的性是"關聯於道德法則以及此法則之對象（終極目的），卽如存在於此終極目的中那麼樣"的一種合目的性。我們完全不可能使這麼一種合目的性之可能性爲對於我們自己爲可理解，設無一亦是一道德的立法者的世界之創造者或統治者。〕

因此，一最高的道德地立法的創造者之現實性是充分地單只爲我們的理性之實踐的使用而被證明，其如此之被證明是用不着在關於此創造者本身之存在中理論地（知解地）去決定任何什麼事的。因爲理性有一個"目的"（案卽終極目的），此一目的是因着理性自己所有的特殊的立法作用而獨立不依於此理論的決定而卽可被規定的。要想使此目的爲可能，理性需要有一個"理念"（案卽"世界底創造者"之理念），此理念，對反省的判斷力而言，可充分地移除一種障碍，此所移除之障碍乃是由我們之無能把"理性自己之特殊的立法作用"帶至有結果之境（卽由我們之無能完成此立法作用）而發生，當我們只有一自然的世界概念時。使終極目的可能的那世界底創造者之理念（卽上帝存在之理念）卽可移除由我們之無能而發生的障碍，是故卽在此路數中，此世界創造者之理念（上帝存在之理念）便獲得一實踐的實在性，雖然對思辨知識而言，它沒有任何方法可以從一知解的觀點去爲其自己得到一實在性以便去說明"自然"或去決定"自然之最高原因"。對理論的（知解的）反省判斷力而言，一睿智的世界原因是因着自然的目的論由自然之目的而充分地被證明。對實踐的反省判斷力而言，道德的目的論藉賴着一終極目的之概念結成了同樣的結果（卽亦充分地證明了一睿智而道德的世界原因之存在）。 這裏所謂終極目的乃是此道德的目的論從一實踐的觀點所必須要把它歸給世界或造化者。當作世界之一道德的創造者看的上帝之理念之客觀的實在性自不能單因着自然的目的論而被實化（被確立）。 縱然如此，可是當這些自然目的之知識與那道德目的之知識相聯合時， 則那 "指導我們去追求諸原則之統一（只要我們能如此作時）"的那純粹理性之格準便可把一可觀的重要性貸與於那些自然目的以便去加強那個理念（卽作爲世界之道德的創造者的上帝之理念） 之實踐的實在性： 那個理念從一理論的（知解的）觀點來看，本早已在〔反省的〕判斷力上具有一種實在性，純粹理性之格言（或格準）便因着那個理念所已有的這種〔理論地反省的〕判斷力上的實在性而再貸與於這些自然目的以重要性以便强化那個理念之實踐的實在性。

就此而論，兹有兩點最須注意以便去阻止那最容易發生的誤解。第一點，最高存有底諸屬性只能依據一種類比而爲我們所思議。因爲當經驗不能指明有任何什麼與最高存有相似的東西時，我們如何能去研究此最高存有之本性呢？第二點，這類比復亦只能使我們去思議一最高的存有，而並不能使我們依一多或少知解的（理論的）樣式而去認知這最高的存有或去謂述這最高存有之諸屬性。因爲這樣去認知或去謂述只能爲了決定性的判斷力（當作我們的理性之能力之在其思辨方面看的決定性的判斷力）之故始可如此作，並且是爲了去辨識此最高的世界原因之內在而固具

的本性之故始可如此作。但在這裏與我們有關的那唯一問題却是
這問題，卽：我們因着我們的認知機能之本性，對於這個最高的
存有要形成一什麼概念呢？又是否我們爲了一個目的之故而要去
承認這最高的存有之存在呢？所謂"爲了一個目的"，這所爲的一
個目的乃是這樣的，卽："它是純粹實踐理性離開任何這樣的假
定（卽最高存有之存在之假定），教我們盡我們的力量之所能去
眞實化之"的一個目的，而且同時我們也簡單地只想爲那目的去
取得一實踐的實在性，那就是說，只想能對那目的去視一意想的
或期待的結果爲可能：我們是否爲了如此云云的一個目的之故而
要去承認最高存有之存在呢？〔案純粹實踐理性給我們規定一終
極目的（最高目的，卽圓善），並吩咐我們盡量去眞實化之，使
之不至爲一空想，而我們同時也想爲那終極目的去取得一實踐的
實在性，也就是說，想視一意想的結果（卽終極目的所示的福德
一致之結果）爲可能：我們是否要爲了這樣一個終極目的之故而
去承認最高存有之存在呢？我們在這裏所關心的唯一問題就是：
依我們的認知機能之本性，對於這最高存有要形成一個什麼概
念？並是否爲了如上所說那樣一個目的之故而去承認這最高存有
之存在？〕上面所說那個最高存有之概念，對思辨理性而言，很
可以是一超絕的概念。而"我們因着這超絕的概念所歸給那最高
存有"的那些屬性，若客觀地使用之，也很可含有一潛伏的神人
同形論（擬人說）。可是，在使用這些屬性中，我們心中所意想
者並非是這樣的，卽："我們想因着涉及這些屬性而去決定那最
高存有之本性"（那最高存有之本性乃是我們所不能達到的一種
本性），而反是這樣的，卽："我們之使用這些屬性乃是想去用之

以便去決定我們自己之自我（即我們自己）以及我們的意志"。

我們可以依照對於一原因之結果所有之概念而名一原因，雖然我們之可以這樣名之是只在關於它與此結果所處之關係中而始可如此名之。而我們之可以如此名之，也並不因如此名之之故，便想因着我們對於那類原因所知的那些唯一的特性（必須經由經驗而被給與於我們的那些唯一特性）而去本質地規定那個原因之內在而固具的本性。舉例言之，我們可以於其他種種特性中間把一種運動力（vis locomotiva）之特性歸給靈魂，因爲身體的運動事實上是有的（已發生了的），而此身體的運動之原因即處於身體運動之心靈的表象中（案即表象之爲靈魂之推動）。但是我們之作此心靈的表象（表象之爲靈魂之推動）却並沒有因此之故就想去把那"我們對之可有任何知識"的一種力學的力量歸給靈魂；而所謂力學的力量乃是因着吸引、緊壓、衝擊而發散出的一種力量，因而結果也就是說，乃是藉賴着一種運動而發散出的力量，而這種力量總預設一"在空間中有其廣延性"的存有。〔我們對於這樣的力學的力量是有物理學的知識的；我們不能把這樣的力量歸給靈魂，因爲靈魂不是空間中一個有廣延的存有。因此，我們不能因着我們對於身體運動之原因作心靈的表象，表象之爲靈魂之推動，就說這靈魂之推動力也是一種"我們對之可有物理知識"的力學的力量。蓋若如此，則靈魂必是一"在空間中有廣延"的存有，此則與靈魂之本性相違。〕現在，依此同樣的方式，我們須假定某種東西它含有一必然的道德的終極目的底"可能性與實踐的實在性或可實踐性"之根據。但是依照由此某種東西所期望的結果之性格而言，我們可以思議此某種東西爲一明智的存有，這一明智的存有祂依照道德的法則來管理世界。而依照我們的認知能力之本性而言，我們又不能不去把這某種東西思議之爲"不同於自然"的那些事物之原因，這樣去思議之乃是只爲"要去表示那「超越一切我們的認知能力」的這個明智的存有對於我們的實踐理性底一個對象（即終極目的或最高善）所處之關係"之故。但是在這樣思議之之時，我們並不是想因如此思議之之故便想去把那"習見於我們"的那唯一的一種因果性，即因着知性並因着一種意志而成的那種因果性，理論地（知解地）歸屬給這個明智的存有。不僅如此，且甚至關於這因果性，即"我們在關於那「對我們而言爲一終極目的」的東西這方面思之爲存在於此明智的存有中"的那因果性，我們亦不想客觀地去使它與另一種因果性，即"在關於自然以及自然之種種合目的性的模式這方面而亦思之爲存在於此明智的存有中"這一種因果性，區別開。〔案意即我們並不想我們能客觀地把此兩種皆存於明智的存有中的因果性，一是對終極目的而言的因果性，一是對自然之種種合目的性的模式而言的因果性，區別開；即是說，就我們的反省判斷力而言我們只可以依我們的認知能力之本性，主觀地把它們兩者區別開（一屬道德的目的論，一屬自然的目的論），但我們不能從最高道德的睿智存有處客觀地構造地把它們兩者區別開。〕正相反，我們只認定我們能夠去承認此兩種因果性之分別爲對"我們的認知能力之如其所構成的本性那樣"而言的一個主觀地必要的區別，並且去承認之爲對反省判斷力而言爲有效者，並不對客觀地決定性的判斷力而言爲有效者。但是，一旦這問題接觸到實踐之事時，則如下所說的一種（愼審或智慧所遵循的）軌約的原則，即

"此種軌約原則它指導我們去依照某種作爲一目的的東西而活動，這作爲目的的某種東西，就我們的認知機能之本性而言，其可能性只能依某一種樣式而爲我們所思議"，像如此云云的這樣一種軌約的原則，亦可變成一構造的原則。換言之，此時，此一軌約的原則是實踐地決定性的原則，而卽這實踐地決定性的原則，卽這被視爲"我們所依以去評估事物之客觀的可能性"的這實踐地決定性的原則，却決無法成爲一理論地（知解地）決定性的原則，或換言之，那實踐地決定性的原則並不函着說：我們的思維能力所承認的那唯一的一種可能性也可以成爲是"謂述我們的思想之對象"的一種可能性。正相反，那實踐地決定性的原則只是〔理論地（知解地）〕反省性的判斷力上的一個純然的軌約性的原則。

註　說
〔關於此道德的證明之注說〕

　　此道德的證明決不是一新發見的論證，至多是一新式的老證明。因爲當人的理性開始覺醒時，這道德證明之胚芽已存在於人之心靈中，而只隨着理性能力之不斷的培養而逐漸有其生長與發展。當人類開始反省到是與非時，（卽在人們之眼光尚猶漠視於自然之合目的性時，而且在人們利用自然而却未曾想像到自然所有的慣常行程以外的任何其他事之存在時），一個不可免的判斷卽必然地爲人們所觸及，此判斷卽是："一個人是否光明正大地活動着抑或虛僞地活動着，是否依法而動抑或依暴力而動"這決不會是一會事， 縱使其臨終之時， 至少就人眼前所能見及者而言， 其德行並未使其受到報賞， 其犯罪亦並未使其受到懲罰，"一個人是否依法而動抑或依暴力而動等等"亦決不會是一會事。那好像是人們已覺察到在人們心內有一種聲音說：" 那必須有一種差別"。 因此， 茲亦必對於某種事有一隱伏的觀念(不管此觀念是如何的模糊)，這某種事乃卽是"人們覺得人們自己必須要去努力追求之"的一種事，而且是一種 "如上所說德無善報，罪不受罰，這樣的結局必會完全與之不一致"的一種事，或者說，這某種事乃是這樣的一種事， 卽："一旦人們視自然世界之行程為唯一的事物之秩序時，人們必不能夠使人們心中所有的那「目的性的定向」(那分定於目的 Zweckbestimmung)與之相融洽"的一種事。現在， 人們可以形成種種粗略地想法以便去使那種不規則性成為井井有條的， 而這不規則性乃是一種遠比盲目的機遇更違反於人心者 (有些人曾想使盲目的機遇成為他們評估自然之基礎)。人們雖可形成如此種種不同之想法， 然而其中卻只有唯一的一個原則，依據此唯一的一個原則，人們甚至能去思議 "自然之與我們心內的道德法則相諧和"為可能。此唯一的一個原則便卽是"依照道德法則以管理世界"的這一最高原因之原則。因為一在心內的終極目的，卽是說置於人們面前以為一義務的那終極目的，以及在吾人以外而又無終極目的的那自然 (雖然終極目的須現實化於自然中而自然本身卻無終極目的)， 這兩者間顯然存有一矛盾。我承認人們可以策劃出好多有關於"那個世界原因之內在本性"的荒誕背理的想法。但是在管理世界中，那 "關涉於道德秩序"這一點卻總仍然保持其為同一而不變，其保持其為同一而不變卽如其"可普遍地被理解，甚至最未受教導的理性亦可理解之"那樣保持其爲同一而不變，只要當這理性視其自己爲實踐的理性時， 雖然思辨理性却遠不足以與此實踐理性並駕而齊驅。又，大概言之，那首先對於"美"與"自然之目的"引起注意者多半卽是這道德的興趣。道德興趣對於美與自然目的可引起注意，此所引起之注意必極適合於去加強上說的那個理念（卽最高的世界原因之理念）， 雖然它尙不能供給出此理念之基礎。此注意更不能〔轉而〕廢除此道德的興趣；因爲那只有在關聯於終極目的中，諸自然目的之研究始獲得那直接的興趣，這直接的興趣在"賦給自然"的讚賞中展現至極大度（卽大大地被展現）而却亦並沒有顧及任何可得的利益。

§89
道德論證之用處

"在關於一切我們的超感觸者之理念中，理性須限制於其實踐使用之條件"這一義，就有關於"上帝之理念"者而言，是有其顯明的用處的。因爲這一義可使"神學"不迷失其自己於"接神學"（Theosophy）之雲霧中， 卽是說， 不迷失其自己於那些"使理性混亂"的超絕概念中，或這樣說亦可，卽：它可以使"神學"不沉沒於"鬼神學"（Demonology）之深淵中，卽不沉沒於"以神人同形之模式去表象最高存有"這種表象之模式中。它亦可保持宗教使其不落於"巫術"（Theurgy），這巫術乃是一種狂熱盲信的妄想，妄想：一種情感能由其他超感觸的存有傳通到我

們身上來，並妄想：我們轉而又能把一種影響力發散到那些其他
超感觸的存有身上去；同時，它亦可保持宗教使其不落於偶像之
崇拜[1]（Idolatry），這偶像之崇拜乃是一種迷信的妄想，妄想
一個人能使其自己不經由"衷心有道德法則於心中"之辦法，而
經由其他方法，而可成為一可為最高存有所接受者。

〔**原註(1)**〕：

關於偶像崇拜，康德有註云：

依一實踐的意義而言，一宗教決難免於偶像崇拜之污名，只要當
它所賦給最高存有的那些屬性竟至於是如此，即：人所可作的任何事
可被理解成其符合於上帝之意志是依據道德條件以外的任何其他一切
足夠的條件而符合於上帝之意志，而並不是依據道德條件而符合於上
帝之意志。因為不管該概念（即最高存有之概念）之形成，從一理論
的（知解的）觀點而言，是如何之純粹又是如何之可免於感性的形像
而不受其影響，然而就上說那樣的一些屬性而言，從一實踐的觀點而
觀之，該最高存有之概念仍是被表象成是一個偶像者，那就是說，上
帝底意志之本性仍是神人同形地被表象的。

因為如果那些"想對於感覺世界外的東西作論證"的人們之虛
浮自大或專擅妄斷被允許可知解地（理論地）去決定什麼事，甚
至去決定最小的一點事，因而遂自以為可以被允許去擴大我們的
知識；又如果任何虛妄自負可以被允許有照見"神性的本性之存
在與性格"之慧光，照見"此神性的本性之睿智與意志"之慧光，
照見"其睿智與意志這兩者之法則"之慧光，以及照見"由其睿
智與意志兩者而發出並有影響於世界的那些屬性"之慧光：如果

是如此之云云，則我一定想去知道在什麼準確的定點上，一條界線可以爲如許多的理性之自負而畫出，畫出之以便去限制那些自負。因爲不管這樣的慧光從什麼根源而引生出，更多的慧光仍可被期待，如果，如這些自負之想法之所是者那樣（或如這些自負人之所想者那樣），我們只須去絞盡腦汁或費盡心機以思之便可。只有依據某種原則，那界限始可被置下以限制這樣的要求；

"只訴諸我們的這樣一種事實之經驗，卽「一切種企圖迄今皆已失敗」這樣一種事實之經驗"，這並不足夠。因爲這樣一種事實並未否證一更好的結果之可能性。但是在此情形中，這唯一可能的原則便是以下兩原則之或此或彼。一個原則是承認：在關於超感觸的東西中，絕不能有什麼可以理論地（知解地）被決定的東西（除只經由純否定而決定之）；另一個原則是假定：在我們的理性中有一不知其如何巨大而又有啓發作用的那尙未開發的知識之寶庫存在，存在在那裏以爲我們及我們的子孫而保留下來。

〔限制我們的虛妄自負的要求的那唯一可能的原則便是或是上說之前一原則，或是上說之後一原則。〕可是就宗教而論，卽就道德之關聯於作爲立法者的上帝而論，那〔限制理性之理論的虛妄要求之〕結果必應是這樣的，卽：設上帝之理論的（知解的）知識領先時，則道德必須要符合於神學。這樣，則將不只一最高存有方面的一種外在而又隨意的立法作用須被引進來以代替那內在而必然的理性之立法作用，且甚至在那外在而隨意的立法作用中，一切屬於"我們之洞見到神性的本性"這方面的缺陷必須要擴散到道德的箴規，而在此路數中，宗教必與道德分了家而遠離了道德，而且變成墮落的或邪惡的（卽變壞了的）。

現在，什麼是來生之希望？"去注意於終極目的"（此終極目的，在遵從道德法則之命令規則中，正是我們自己所要去完成之者），並"去採用終極目的爲一指導線索，指導我們在我們的分定上去作理性之裁斷"（因而這一裁斷乃只是那"由一實踐的觀點來看始可被視爲是必然的或值得接受的"一種裁斷），這自是我們所應有之作法。但是，如果我們不這樣去作，却只想商諸我們的理論（知解）知識之能力，則在此問題上正有同樣的命數降臨於〔理性的〕心理學，就如在上面關於最高存有之情形中那降臨於神學者。那降臨於〔理性〕心理學的命數不過是對於我們的"思維的存有"（案即"靈魂不滅"之靈魂）只提供一消極的（負面的）概念而已。它告訴我們說：沒有一個心靈之運作或內感之顯現能夠依據唯物論的線索而被說明；因而並告訴我們說：關於那思維着的東西（思維着的"我"）之獨自的本性，或關於於人死後這思維着的我之人格性之繼續存在或不繼續存在之本性，沒有擴張的（綜和的）或決定性的判斷能夠可能地被作成，即能夠依據思辨的根據，經由我們的理論（知解）知識之能力，而可能地被作成。這樣說來，在這裏，凡事皆是由一"在實踐範圍內爲必然"的一個觀點而被留交給"我們的存在"之目的論的評估，並被留交給"我們的存在"之繼續之假定，以此假定作爲一終極目的之所需要的一個條件，而所謂終極目的乃是絕對地爲理性所置定給我們者。因此，在我們的消極的結果中，我們立刻見到有一種利得（好處），而這利得初看無疑也即顯似爲是一種損失。因爲恰如神學決不能變爲"接神學"（Theosophy），所以理性的心理學也決不能變爲"靈學"（pneumatology），即當作一種"可以

擴大我們的知識"的學問來看的那"靈學"，而同時另一方面，理
性的心理學也決不能有滑入任何種唯物論之危險。正相反，我們
見到：那理性的心理學實只是一"內感之人類學"，卽是說，實只
是 "我們的活着的思維的自我"底一種知識，並見到：依一理論
的（知解的）認知之形式而言，那理性的心理學却亦仍然只是經
驗的。但是，若就我們的永恒存在之問題而論，理性心理學畢竟
不是一理論的（知解的）學問。它基於道德的目的論之一簡單的
推斷上，恰如其使用之全部的必然性起因於道德的目的論並起因
於我們的實踐的天職（或分定）。

§90
上帝存在之目的論的證明中的確信或誠信之性格
（卽此中之確信或誠信是何種意義的確信或誠信）

不管一證明是由那須被證明者之直接的經驗呈現而引生出
（此如因着對象之觀察或因着試驗而作成的證明之情形便是如
此），抑或是因着理性由原則而先驗地被引生出，其所基本地要
求者便是：它須不是誘勸（persuade），而須是令人信服（con-
vince），或至少亦可以說是傾向於使人信服。換言之，論證或
推斷一定不要簡單地只是同意（一純然的"似乎是"之樣子）之
一主觀的或感性的根據，而須是客觀地有效的，並須是知識之一
邏輯的根據。如果不是如此，則睿智（知性）是被欺瞞誘騙了
的，而不是被使有確信的。一種 "屬於欺瞞誘騙這類證明"的虛

幻性的證明便是自然神學中所提出的一種證明。自然神學中所提出的證明或可是以最好的意向而被提出，然而却是以有意地隱藏其弱點之路數而被提出。依照目的原則而成的自然事物底根源之全部證據是排列在我們眼前的，而這些證據之有利或好處則是由人類理性底純主觀根據而取得。人類理性是由其自己之固有運動（其專有的特殊性癖）而傾向於想以一個簡單的原則代替若干個原則，只要當它如此作而無矛盾時。又，當此原則只供給一個詞語對界定一概念爲必要，或許亦可供給好多詞語對界定一概念爲必要，如是，則此原則卽可因着增加其他詞語來補充此一詞語或這些詞語，這樣，它便可因着一隨意的統合來完整起事物之概念。因爲當我們見到有如許多的自然產物把我們指點到一睿智的原因時，我們很自然地可問：我們一定不可以寧去設想一個簡單的睿智原因而不要去設想若干個這樣的原因嗎？既可自然地這樣問，自然亦可以問：爲什麼於此原因，我們一定要只停止於偉大的睿智，偉大的力量，等等處，而不更以 "無所不知"，"無所不能" 賦與之，以及總之爲什麼不更視之爲如此之一原因，卽此一原因祂含有對一切可能的事物而言的無所不知無所不能等 "這樣的屬性之一充足的根源" 呢？自然可以這樣問。既又自然亦可以這樣問已，那麼復亦自然可問：我們爲什麼不可以繼續前進，不只是把那對自然法則與自然產物而言爲必要的那種睿智歸屬給此一簡單的具有一切力量的根源存有，且亦把那 "屬於一道德的世界原因" 的最高的道德而實踐的理性歸屬給此一簡單的具有一切力量的根源存有：爲什麼不可以進而去作這樣的歸屬呢？這樣問亦是自然而發的。因爲經由對於概念（卽最高存有之概念）之如此完整化，我們便有這樣一個原則，即它既適合於"洞見自然"之需要，復亦適合於"洞見道德智慧"之需要，因而亦無"絲毫有堅實意義"的異議可以提出來以反對這樣一個理念（即上帝之理念）之可能。現在，如果在此論證之經過中，鼓動心靈的那些道德的興發力被觸動，而一種生動的興趣又以一切修辭雄辯之力量而給與了那些道德的興發力（那些道德的興發力完全值得承受那修辭雄辯之力量），如果是如此云云，如是，則一種誘勸，即關於"證明之客觀的足夠性"的一種誘勸遂即發生出來，而在大多數之情形中，只要當這一種誘勸被使用時，遂即甚至亦發生出一種親切的幻覺，這親切的幻覺是如此，即：它藐視證明之邏輯的嚴格性之任何考驗，而且事實上，它實厭惡而且反對邏輯的批評，好像這邏輯的批評是由某種邪惡不敬的疑慮而發出一樣。現在，只要我們只以大眾的方便作考慮，則便並無什麼可說，說之以去反對這一切。（案意即若只考慮大眾之方便，則這一切並無什麼可反對處）。但是我們不能不而且一定要把這證明分析成此論證所含有的兩種異質的成素，即分析成一種成素是屬於"自然的目的論"者，另一種成素是屬於"道德的目的論"者。因為兩種成素之混擾可以使我們不能確知此證明之真實部分在何處，或說不能使我們確知此證明必須依何部分或依何樣式而重新被形成，形成之以便使其妥效性可以能夠在最徹底的（最嚴格的）考查之下而被支持。縱使在若干點上，我們已被迫着去承認理性雖有所見但甚淺短而微薄，然而兩者之混擾總仍使我們不能有如上云云之確知。因此，哲學家見到：去揭露這種混擾所能產生的虛幻或幻覺（不管這幻覺是如何之有利），這乃是他的義不容辭之事，設若他甚至不曾注意到他所應歸功於誠實者是什麼。他必須把那是純然誘勸之事和那引至信服之事分別開（這兩種同意之模式不只是程度上有異，且在種類上亦不同），把它們分別開以便能夠公開地盡其一切之清楚（十分清楚地）去表象心靈在此證明中所採用之態度，並且能夠坦白地去把此證明交付給最嚴格的考驗。

現在，一個指向於"使人確信或信服"的證明可以是兩種中之任一種。它或是想去決定"對象之依其自己而言是什麼"，或不然，則是想去決定"對象之對於我們人類而言是什麼"，那就是說，是想依照"對象所依以必然被評估"的那理性的原則而去決定"對象之對人一般而言是什麼"。換言之，它或是一種"依照真理"(according to the truth)而成的證明，或是"依照人"(according to man)而成的證明（所謂人是"人一般"之廣義的人）。在第一種情形中，證明是基於那"適當於決定性的判斷力"的原則者，而在第二種情形中，證明是只基於那"適當於反省性的判斷力"的原則者。在此基於"適當於反省性的判斷力"的原則之情形中，當一證明只基於理論的（知解的）原則時，則它決不能傾向於使人信服。但是如果它是基於理性之一實踐的原則（因而此一實踐的原則是一普遍而又必然的原則），則它很可以要求使人信服，這使人信服乃是從一實踐的觀點觀之為足夠者，卽是說，這使人信服是足夠於一"道德的信服"者（足夠於"道德地使人信服"者）。但是如果一證明只使我們走在"使人信服"之路上，然而却並沒有產生出使人信服，則此一證明便只是傾向於使人信服。這情形當一證明是如下所說時便出現，卽：當一證明只包含有一些使人信服之客觀的根源，這些客觀的根源雖尚不足以產生確信，然而它們却仍不屬判斷之主觀根據一類者（主觀根據，卽如其爲主觀而觀之，是只有用於勸服或誘勸者）：當一證明是如此云云之時，則它便只是傾向於使人信服。

現在，那“建立一理論的（知解的）證明”的那一切論據或是⑴對那由邏輯地嚴格的三段推理而成的證明爲足夠；或如果不如此時，則⑵對那由類比而成的推理爲足夠；或如果甚至這樣的推理亦不存在，則仍然⑶對或然的意見爲足夠；或最後⑷對那至少只當作一假設看的“一純然可能的說明之根源之假定”爲足夠。現在，我肯斷：如果那想被證明的命題是關於“一根源的存有之真實存在”的命題，這根源的存有是被視爲“上帝”一概念之具其完整的內容者，卽是說，是被看成是世界之一“道德性的創造者”，因而結果也就是說，卽在這樣一種路數中，那創造（造化或宇宙本身）之終極目的也卽刻是由這“道德性的創造者”而被引生出：如果那須被證明的命題是關於“被視爲是如此云云”的上帝的那“根源存有之真實存在”的命題，則“傾向於理論地（知解地）使人信服”的一切關於該命題之證明之論據無例外皆不足以去產生上說從最高級到最低級四種確信或誠信中任何一種確信或誠信（Fürwahrhalten）。〔案此德文字當譯爲“確信”或“誠信”。Meredith譯爲“保證”（assurance），Pluhar 譯爲“assent”（同意），皆不諦當；Bernard 譯爲 “belief”（信念）則鬆泛，同於阿保特之譯第二批判之關於此詞者。〕

⑴關於有嚴格的邏輯形式的證明，卽是說，“由普遍的進到特殊的”這種證明，第一批判（純粹理性之批判）已充分地表明其事之如何建立起。如若一個存有須被尋求於自然以外（案卽超

感觸的存有），則便沒有"相應於這樣一個存有之概念"的直覺
對於我們是可能的。因此，只要當這樣一個存有之概念須經由綜
和的謂詞而理論地（知解地）被決定時，則這樣一個存有之概念
對我們而言總仍然是一或然的概念。因此，在這樣一個存有之概
念處，對於此超感觸的存有，絕對不能有那"可以擴大一點我們
的理論的（知解的）知識之範圍"的認知。一超感觸的存有這一
特殊的概念，它決不可能在任何方式中被歸屬於關於事物之本性
的諸普遍原則之下，以便允許此特殊概念所示之存有可以由此等
普遍原則而成的推斷所決定。它何以不可能如此被歸屬？蓋因為
那些普遍原則只對那"作為一感取之對象"的自然而言始有效。

⑵在兩個不相似的事物之情形中，我們可以因着"一物之類
比於他物"這種類比 ⑴ 之方法而明顯地形成兩物中某一物之概
念，而且甚至在"它們兩者所由以不相似"的那個異質點上，我
們也可以經由這類比之方法而顯明地形成兩物中某一物之概念；
但是從它們兩者所由以不相似處，我們不能依據類比法之力量作
出任何"從這一個推到另一個"之推斷，即是說，我們不能把這
兩者間各別不同的差異點從這一個轉移到另一個身上。這樣說
來，依據物體之相互吸引與斥拒中與動與反動間的對等法則之類
比，我可以把由公民法所規制的國家之成員之社會關係描畫出
來；但我不能把前者的特別模式，即物理的吸引與排拒之模式，
轉移到這些成員間的社會關係上來，我也不能把前者的特別模式
歸給公民，以去構成一個系統或體制名曰國家者。例此，根源存
有底因果性，在其關聯於那些"被視為是自然目的"的世界之事
物中，可以完全恰當地依據一睿智體之類比而被思議，這所依據

之睿智體乃被視爲是那些"我們所名曰藝術品"的某些產物（案
卽有機物）底形式之根源者。因爲其可以依如此之類比而被思議
是只有在我們的認知機能，當處理世界中之事物時，對於此根源
存有之因果性之概念所要去作的理論的（知解的）使用或實踐的
使用之興趣中，始能被作成。但是從這事實，卽："就世界中的
諸存有而論，一種睿智必須被歸給這類結果之原因，卽那須被視
爲是藝術品的這種結果之原因"這一事實，我們完全不能經由類
比去推斷說：在關聯於自然中，我們在人方面所覺知的那因果性
同樣也可以屬於那"完全不同於自然"的一種存有。〔何以故不
能？〕蓋因爲這種類比已接觸到兩種原因間之準確的不相似處，
卽一種原因在關於其結果中是感性地被制約者（有條件者），而
另一種原因則是一超感觸的根源存有。這不相似性卽被函蘊於這
樣一個超感觸的存有之概念中，因而這顯著的特點（卽感性地被
制約這一特點）遂亦不能被轉移到這超感觸的根源存有身上。卽
在這事實，卽"我需要只依據一知性之類比去思議神之因果性"這
一事實中，就存在着一種禁止，卽禁止我去把依"知性"一字之
恰當意義而言的這種知性歸給上帝[2]（這依"知性"一字之恰當
意義而言的知性乃卽是那只能知之於人方面的一種機能，除人以
外，我們不能知之於任何其他存有，而人之爲存有乃是服從感性
之條件者。）

〔原註(2)〕：

關於不准我把這知之於人的知性歸給上帝，康德有注
云：

這於此根源存有之對於世界之關係之表象並不含有絲毫的損失，只要當論及此概念之理論的（知解的）或實踐的後果時。要想去研究此根源存有之內在而固具的本性乃是一種無意義的好奇，其為無意義卽如閑着無聊那樣無意義。

〔原註⑴〕：

　　於兩不相似者間作類比，關於此類比，康德有長註云：

　　依一質的意義而言的類比是存於根據與後果（因與果）間的關係之同一。不管那些"是同樣後果之根源"的諸事物或諸特性，就其自身而觀之（卽離開因與果間之關係而觀之），其各別的差異為如何，只要當這樣的同一（卽因與果間的關係之同一）潛存着，類比就存於這關係之同一中。這樣說來，當我們把低等動物之形構的運作拿來和人之形構運作相比較時，我們視低等動物底運作之情形中這樣的結果之不被知的根源為可以與那為人（卽為理性）所產生的相似的結果之已知的根源相比較，卽是說，可以視之為理性之一類似物（analogon）。以上之義是意謂：雖然低等動物底形構力之根源（我們名之曰本能）事實上依類而言自不同於理性，但是如若比較海獺與人類之構造工作，則海獺之本能之對於其結果與人之理性之對於其結果實處於一相似之關係中。我們自可如此想，但我們之可如此想並不能使我有理由去推斷說：因為人對其所構造者而言，需要使用理性，所以海獺於其構造時亦必須有理性，而且名此"因此所以"之推斷曰由類比而成之推斷。我們雖無理由去作如此之推斷，然由低等動物方面相似的運作模式（我們不能直接地去覺知其根源），以之和人底運作模式（我們可直接意識到其根源）相比較，我們依據類比之強力，可以完全正確地去推斷說：低等動物，亦與人一樣，皆是依照表象（representation, Vorsttellung：擬想，提薦）而活動，他們並不是機器，如笛卡爾所爭辯者；並亦可完全正確地去推斷說：儘管他們種類有異，可是他們皆是有生之物（皆是衆生），而卽如其爲有生之物，則一般言之，他們皆類似於人。那"使我們有權去作此推斷"的原則是存於這事實，卽：我們確然有理由在此方面去把低等動物放在與人爲同類裏（卽同屬動物類），這確然所有之理由與"在人方面，當我們從外部看天下人並比較其活動時，去把天下人都放在彼此爲同類裏（卽同屬人類）"之理由同。此中兩方面實有同一根據（par ratio）。同樣，最高的世界原因之因果性可以依據知性之類比而被思議，如果我們把其世界中的合目的性的產物拿來和人底形構工作相比較時；但是我們却不能依據類比之強力去推斷這樣的人類屬性亦存於世界原因處（意卽我不能經由類比之強力去推斷說世界原因亦有這樣人類的屬性）。因爲那"使這樣一種推理模式爲可能"的原則在此情形中並不存在，就是說，那"去把最高存有與人，在關聯於他們各自的因果性中，包括在同一綱類裏"的根據之同一性（paritas rationis＝sameness of grounds）在這裏並不存在。世界中的萬有之因果性就像因着知性而成的因果性一樣，它總是感性地被制約的（有條件的）。這樣的萬有之因果性並不能被轉移到一個"除只是事物一般之概念外，並無與人共同的種類概念"的存有身上。（案意卽：世界中的萬有之因果性甚至人之因果性並不能被轉移到最高存有身上，因爲最高存有與人及世界中的萬有除籠統地對之可用"事物一般之概念"以說之外，並無共同的種類概念以包括之，卽上帝這一最高存有並不在綱目類屬概念之關係中。）

(3)先驗判斷中並無"意見"之可言。正相反，先驗判斷能使我們去認知某物爲完全確定的，或若不然，則它們便不能給我們以任何認知。但是縱使我們所由以開始的那些特定的證明根據或前題是經驗的，卽如在現在之情形中自然目的便是經驗的，那些經驗的前題或根據也不能幫助我們去形成任何"越過感覺界"的東西之意見，而對於這樣輕率鹵莽的判斷，我們也不能承認其可有絲毫要求於"概然"。因爲概然是一種可能的確定性之一"分數"（之一"幾分之幾"），這一可能的確定性之"分數"是分布到一特殊的根據系列之全部的（在一系列內的可能性之根據是與確定性底充足根據相比對的，就像一部分之與一全體相比對）。在這裏，只是可能性之幾分之幾之不充分的根據必須能夠逐漸增益其力量直至增益到充分之點而可以成爲完全的或絕對的確定性之根據爲止。但是一特殊系列內的這些根據，由於它們是同一判斷底確定性之決定根據，是故它們亦必須是屬於同一層序的。因爲若不然，則它們必不能聚在一起形成一級度（Grösse＝grade，不當譯爲 quantum 或 magnitude），卽如確定性所是之級度。旣必須屬同一層序，則便不能說：此一根據因素處於可能經驗範圍之內，而另一根據因素則處於一切可能經驗之外。結果，由於那些只是經驗的證明根據或前題並不能引至任何超感觸的東西，是故便沒有什麼東西能夠補充這樣一個經驗系列之不圓滿。因此，在企圖從這樣一些經驗的根據或前題去達到超感觸者，或超感觸者之知識，這方面，並沒有一點點"逐漸接近於超感觸者"之接近可以出現；而結果也就是說，沒有概然性可以進入一關於超感觸者之判斷中，當這類判斷只基於由經驗而引出的論據時。

(4)如果任何東西想充作一假設以便去說明一特定現象之可能性，則至少那所說的任何東西其可能性必須是完全確實的。在一假設之情形中，當我們放棄現實存在之知識時，我們便已很夠讓步了。（在一"當作概然者而被提出"的意見中，那現實存在之知識是被肯定了的。可是在假設之情形中，此中並無現實存在之知識，是故說此中當我們放棄現實存在之知識時，我們已很夠讓步了。）過此以往，我們不能再有屈讓。至少我們所使之以爲一說明之基礎的那個東西之可能性必不可再對之有所懷疑，非然者，對於腦筋之空洞的虛構必不會有止境以止之。但是，如果我們想去假定一"依照積極的概念而被規定"的超感觸的存有之可能性時，這必會是認事物爲當然而却沒有任何東西可據（意即這必會是一完全無根的假設），因爲〔此時，於那超感觸的存有〕，當論及那"依靠於直覺"的成素時，對〔此超感觸的存有之〕認爲必要的那些條件，其中沒有一個是被給與了的。因此，那剩下來以爲"此〔超感觸的存有之〕可能性之判準"的那一切便只是矛盾之原則，此矛盾之原則只能證明思想之可能性，而並不能證明思想之對象本身之可能性。（案此時，此所假設的超感觸的存有只有形式的可能性，·而無眞實的可能性）。

純淨的結果是如此，卽：就那作神看的根源存有之存在而言，或就那當作一不滅的靈魂看的心靈本體之存在而言，要想從一理論的（知解的）觀點去得到任何證明以便去產生一點點確信，這對人類理性而言是絕對不可能的事。對於此點，茲有一完全可理解的理由，蓋因爲我們沒有可採用的材料去規定（或決定）超感觸者之理念。何以沒有可採用的材料？蓋因爲我們要想得到材料，我們一定要從感覺世界中之事物來取得，而這樣得到的材料之性格必使這材料完全不適合於超感觸的事物。因此，在一切決定之缺無中，我們只剩下一"含有感覺世界之終極根據"
的非感觸的某物之概念。此則並不能構成此某物之內在本性之認
知，這樣的認知就是那"必會擴張此某物之概念"的認知。

§91
經由一實踐的信仰而產生的
確信或誠信之性格
（卽其所產生的確信或誠信是何種意義的確信或誠信）

如果我們只注意於"某物所依以能對我們而成爲一個知識之
對象 (res cognoscibilis)"的那樣式，卽是說，只注意於某物依
照我們的表象力之主觀性格而成爲一個知識之對象：如果是如此
云云時，則在此情形中，我們並不是要把我們的概念和對象相比
對，而是要把我們的概念和"我們的諸認知機能"以及"此諸認
知機能從一理論的（知解的）觀點或從一實踐的觀點對於一特定
表象所作的使用"相比對。這樣說來，"某物是否是一可認知物"
之問題是一個"並不觸及事物本身底可能性"之問題，但只是一
個"觸及我們之關於事物的知識之可能性"之問題。

可認知的事物有三種：(1)是屬於意見者 (matters of opi-
nion: opinabile)；(2)是屬於事實者(matters of fact: scibile)；
(3)是屬於信仰者 (matters of faith: mere credibile)。

(1)純然理性底理念之對象，由於在理論知識方面完全不能呈
現於任何可能的經驗中，是故卽在此限度內，它們也是一些全然
不可知的東西，因而結果也就是說，我們甚至對於它們也不能形

成一個意見。因為"要想先驗地去形成一意見"，這在此辭語之字面上就是背理的，而且也是直通至"純粹腦筋之虛構"之通路。因此，或者我們的先驗命題是確實的，或者它根本不含有任何"使人確信"之成分。因此，意見之事總是那"至少本是可能的"一種經驗知識之對象。換言之，意見之事總是"屬於感覺世界"的一些對象，不過由於我們人類所有的經驗知識之程度正是如其所實是者那麼樣〔低淺而且粗俗〕，是故關於"意見之事"這樣的一些對象的一種經驗知識在我們人類方面倒反是不可能的。這樣說來，近代物理學家所說的"以太"(ether)，這是一種"滲透一切實體物而且完全遍行於一切實體物"的有彈性的、伸縮自如的流體，這樣的"以太"正是一純然意見之事，不過它在一切方面也總屬這類的事，即：如果我們的外部感覺很敏銳，敏銳至於最高度，則那樣的"以太"終可被覺知，但事實上其呈現却決不能是任何觀察或實驗之題材。"去假定其他星球上有有理性的居民存在"這也是一意見之事；因為如果我們得以更接近於這些星球（這是可能的事，〔例如近來得登陸月球，康德時尚不曾有〕），經驗必會裁決有理性的居民究竟是否存在〔例如近登月球，得見荒涼得很，並無居民存在〕；但是由於我們將決不能得以更接近於那些星球，是故說那些星球上可有有理性的居民存在，這總仍然是一意見之事。但是"若想去懷有這意見，即：在物質宇宙中存有純粹無身體的思維精靈，這意見"，這却只是純然的妄想。我的意思是說：假定我們從我們的注意中，如我們所應可，開除掉那些"冒充為這樣的精靈"的某種現象，而去懷有這樣的精靈存在於物質的宇宙中，這只是純然妄想之事。這樣的一種想法畢竟不是一"意見之事"，但只是一純粹而單純的理念。這純粹而單純的理念是那當"我們從一思維的存有中拿掉那一切是物質的東西而猶讓其保有其思想"時所剩下來者。但是，當我們拿掉一切物質的東西時，思想（即我們只於人身上所知的那思想，即是說，只在與一身體相連繫中所知的那思想）是否仍然還可保留下來，這是我們所不能去裁決的一種事。像這樣一種事只是一虛構的邏輯物(ens rationis ratiocinantis: a fictitious logical entity)，而並不是理性上的一個物(ens rationis ratiocinatae: a rational entity＝entity of reason)。就理性上的一個物而言，去實化"其概念之客觀實在性"，至少依一在理性之實踐使用上為充分這充分之樣式，充分地去實化"其概念之客觀實在性"，這無論如何是可能的。因為理性之實踐使用有其特殊而必然地確定的先驗原則，有這樣先驗原則的理性之實踐的使用它事實上是要求並設定那個概念的（即"理性上的一個物"之概念的）。

(2)如若概念底客觀實在性能夠被證明，則對應此類概念的那對象便是屬"事實之事"[1]者 (matters of fact: res facti)。所謂"概念底客觀實在性能夠被證明"，此中所謂"證明"可因着純粹理性而被供給，如若不然，則亦可因着經驗而被供給；而在因着純粹理性而被供給之情形中，證明可有兩種情形，即：它或是從理性之理論的（知解的）故實（根據 data）因着純粹理性而被供給，或是從理性之實踐的故實（根據）因着純粹理性而被供給：但不管是那種情形，總之，那證明必須藉賴着"相應於概念"的直覺而被作成。屬"事實之事"之例證是幾何量度之數學的特性，因為這些數學特性對於理性之理論的（知解的）使用

而言，承認有（或允許有）先驗的呈現的。又，凡能因着經驗
（不管是一個人自己之私人的經驗或爲證據所支持的經驗）而被
證實的事物或事物之特性皆亦同樣屬"事實之事"。但有一可注
意之點，此卽：茲有一理性之理念，說來很奇怪，它須被發見
於"事實之事"中，可是這一個理念，以其自身而言，是並不允
許有任何直覺中之呈現的，因而結果也就是說，是並不允許對於
其可能性有任何理論的（知解的）證明的。這一個理性之理念卽
是自由之理念。此理念之實在性是一特種因果性之實在性（這一
特種因果性之概念，如果理論的或知解的考量之，它必應是一超
絕的概念），而由於它是一特種因果性，是故它允許有藉賴着純
粹理性之實踐法則而來的證實，而且這證實亦卽是發生於"服從
實踐法則"的諸現實行動中的那種證實，因而結果也就是說，發
生於經驗中的那種證實。在一切純粹理性之理念中，此自由之理
念是唯一的一個"其對象是屬事實之事而且亦必須被包括在事實
之事（Scibilia）當中"的理念。

〔原註⑴〕：

關於"事實之事"一詞，康德有註云：

在這裏，我把一"事實之事"之概念擴展至此詞之常用意義之外，
我想這擴展是正當的。因爲當我們說及事物之關聯於我們的認知機能
時，把此詞之意義限制於現實之經驗，這並不是必要的，而且實在說
來，亦並不是可實行的，因爲我們只需一純然可能的經驗卽足使我們
去說及事物之爲一確定知識之對象，除此以外，我們再不需要有別
的。

(3)如下所說這樣的一些對象，卽 "如果純粹實踐理性之被使用是如義務之所命令者那樣而被使用（卽依遵守義務之方式而被使用），則這些對象卽必須先驗地或當作後果而被思或當作根據而被思，但若對理性之理論的（知解的）使用而言，則這些對象却只是超絕的"：這樣云云的一些對象，它們實只是純粹的"信仰之事"。純屬這樣的信仰之事者，最高善（圓滿的善）便是其中之一。這最高善須通過自由而被眞實化於世界中。像最高善這樣的概念，其客觀實在性是不能夠在任何"對我們爲可能"的經驗中去證明之的，證明之，因而結果可以去滿足理性之理論的（知解的）使用之所需要者：是決不能作到這一步的。雖作不到這一步，但同時我們却被囑咐去使用此概念以便通過純粹實踐理性在最好可能的路數中去眞實化那個目的（卽最高善這個終極目的），因而結果也就是說，此概念之可能性必須被假定。此被命令的結果（意卽被實踐理性所命令的最高善這個結果）連同 "此結果之可能性所依以可爲我們所思議"的那唯一的兩條件，卽 "上帝之存在"與"靈魂之不滅"這兩條件，一起皆屬"信仰之事"(matters of faith: res fidei)，而且這三者（卽最高善這個結果與同使其可能的那兩條件）也是一切對象中唯一可如此名之者[1]。因爲雖然我們須相信那"我們只能因着證言由他人底經驗而學得"的東西，可是這相信却並不使那如此被信得過的東西自身成爲一"信仰之事"，因爲就那些證人之一而言，那被信得過的東西已是其個人的經驗，並且已屬"事實之事"，或說它須被假定是屬 "事實之事"者。此外，"經由歷史的相信之路去達到知識"這必須是可能的；而歷史與地理底對象，一般言之，就像"我們的認知機能之本性所至少可

使之成為一可能的知識之主題"的那每一東西一樣，皆須被歸於
"事實之事"之一類，而不能被歸於"信仰之事"之一類。那只有
純粹理性之對象才能夠是"信仰之事"，而卽使是如此，這些純粹
理性之對象也必須不要簡單地只被看成是純粹思辨理性之對象；
因為這樣視之亦並不能使它們確定地被算作是"對我們為可能"
的那種知識之"物項"(Sachen) 或"對象"。它們實只是一些理
念，卽只是一些理性之概念，這些理念或概念之客觀實在性乃是
不能理論地（知解地）被保證者。另一方面，那要為我們所實化
的那最高的終極目的（此一最高的終極目的卽是那能使我們自己
亦值得成為一世界本身卽造化之終極目的者）乃是一個"在實踐
之事中對我們而言有其客觀實在性"的理念， 因而它亦是一個
"物"或"對象"。但是因為我們不能從一理論的（知解的）觀點
去為此一最高的終極目的之概念（卽圓善之概念）獲得客觀的實
在性， 是故那最高的終極目的之為一個物或對象只是純粹理性
方面一純然信仰之物或信仰之對象，正如上帝存在與靈魂不滅之
亦屬信仰之物〔或信仰之對象〕。上帝存在與靈魂不滅，由於我
們人類的理性之構造（本性），它們兩者是這唯一的條件，卽我
們只有在此兩條件下始能去思議那依照道德法則而成的自由之使
用所呈現之結果（卽最高的終極目的最高善之結果）之可能性。
但是信仰之事中的確信是一種從一純粹實踐觀點而來的確信。它
是一種道德的信仰，這道德的信仰它對純粹理性的知識之為理論
的（知解的）知識而言是不能有所證明的（是不能證明什麼的），
但只對純粹理性的知識之為實踐的知識而且是"指向於純粹理性
之責成（義務）之充盡"的知識而言始能有所證明。這道德的信

仰既不能擴張〔我們的〕思辨，亦不能擴張那"因着自私之原則而被驅使以赴"的那種慎審之實踐的規律。如果一切道德法則之最高原則（即自由）是一設準，則此一設準即包含有此最高原則之最高目標〔圓善，終極目的〕之可能性，因而結果也就是說，那兩條件，即"我們在其下能夠去思議最高目標之可能性"的那兩條件（即上帝之存在與靈魂之不滅這兩條件），遂亦必同樣是被設定了的。如此所說，這並不使兩條件之認識可以當作一種理論的（知解的）知識而可成為關於那兩條件底存在與本性的任何知識或任何意見；它但使那兩條件之認識成為一純然的假定，這一純然的假定是被限於實踐之事的，而且是為了我們的理性之道德的使用，而在實踐的興趣中被命令着要有的。

〔原註(1)〕：

　　關於"信仰之事"，康德有註云：

　　成為一"信仰之事"並非使一物成為一"信條"（article of faith），如果所謂"信條"，我們意謂其是這樣的"信仰之事"，即如"一個人不能不內心地或外表地去承認之，因而也是一種不能進入於自然的神學的"這樣的信仰之事：〔如果所謂信條是這樣意義的信仰之事，則上帝存在與靈魂不滅以及圓善等之成為一"信仰之事"便不是可作這樣意義的"信條"看的信仰之事。〕因為它們既是一〔不可作信條看的〕信仰之事，是故它們不能像"事實之事"那樣，須依靠於理論的（知解的）證明，而且因此，此中之確信亦是一自由的〔不受拘束的〕確信，而且亦惟由於是一自由的確信，所以它才是一種與主體之道德性相容的一種確信。

假定我們好像有理似的去使自然目的（自然目的論所大量地置於我們眼前的那些自然目的）成爲一睿智的世界原因之一決定性的概念之基礎，則此一存有（卽睿智的世界原因這一存有）之存在必不會是一"信仰之事"。蓋因爲此時，旣然由於這存有之存在並不是爲了我們的義務之履行而被假定，但只爲了"說明自然"之目的而被假定，是故這存有之存在，簡單地說來，只應是一種意見或假設，這意見或假設乃是最適合於我們的理性者。現在，這所說的自然目的論無論如何並不足以引至一決定性的上帝之概念。正相反，一決定性的上帝之概念只能見之於世界底一個道德性的創造者之概念中，因爲只有此道德性的世界創造者之概念始能指定出終極目的，而我們也能把我們自己繫屬於這終極目的，我們之把我們自己繫屬於這終極目的是只當我們依照那"道德法則所規定給我們以爲終極目的"者而生活時始然，因而結果也就是說，是只當我們依照那"道德法則所置於我們身上以爲一義務"者而生活時，始然。因此，那只有因着關聯於我們的義務之目標（終極目的），〔把上帝〕視爲是"使我們的義務之終極目的（最高善）爲可能"的條件，那上帝之概念始能在我們的確信中獲得其算爲一"信仰之事"之特權。另一方面，此上帝之概念並不能使義務之目的（終極目的：最高善）作爲一"事實之事"而有效，因爲雖然義務〔本身〕之必然性對實踐理性而言是完全坦然明白的，然而義務之終極目的之達到，當其完全非我們所能掌握時，只是在理性之實踐的使用之興趣中被假定，因而也就是說，它並不像義務本身那樣是實踐地必然的[1]。

〔原註(1)〕:

關此，康德有註云:

我們為道德法則所盼咐去追求的那終極目的（最高善，圓滿的善）並不是義務之基礎。因為義務之基礎處於道德法則中，而這道德法則，由於是一形式的實踐原則，是故它定然地在指導着，而無關於意欲機能之對象（意志之材料或內容），因而結果也就是說，無關於任何目的，不管是什麼目的。我們的行動之此種形式的性格，即行動之隸屬於普遍有效性之原則，乃是完全存於我們自己的力量之中者，單只這樣的"行動之形式的性格"始構成行動之內在的道德價值；而我們也能完全很容易地去抽掉那些目的之可能性或其不可實行性（不可達成性），而這些雖可能而不可達成的目的乃即是我們被迫着依照道德法則而義不容辭地去推動之者。我們何以能很容易地把這樣的一些目的抽掉呢？因為它們只形成我們的行動之外在價值，而並非是構成我們的行動之內在而固有的道德價值者。這樣說來，我們之不把它們放在考慮之內，把它們視作那完全不處於我們自己力量之內者，乃是為的去集中我們的注意力於那處於我們自己手中者（即我們所能掌握者）。但是話雖如此，那心中所懷有的對象或目標（即促進一切理性存有之終極目的，即是說，促進那與義務相一致的幸福這個目標）却總是經由義務之法則而被置定於我們身上者。但是思辨理性無論如何却並不能覺知或見到那個目標之可實行性（可達成性），不管我們從我們自己之自然力量之立場來考慮之，抑或從外在自然之合作之立場來考慮之。正相反，只要我們關於此點能夠去形成一理性的判斷（即能夠理性地作判斷），則思辨理性若離開"上帝存在"之假定及"靈魂不滅"之假定，它必須把這希望，即"去希望純然的自然，內在的或外在的，將由這樣純自然的原因產生一「屬於我們的善行」的

這樣一種純自然的結果卽幸福之結果"之希望，視爲一無根而無謂的
期望，雖然是一好意的期望；而如果思辨理性關於視該希望爲無根無
謂者之判斷之眞理性能有完全的確定性，則它必須要去把道德法則本
身視爲我們的理性之在實踐之事方面之一純然的虛妄或幻想。但是思
辨理性完全使其自己相信"道德法則本身從未是一妄想"，而那些理念，
卽"其對象處在自然之外"的那些理念又很可被思而並無矛盾。因此，
爲理性自己之實踐法則以及爲此法則所置定的任務之故，因而也就是
說，在道德的關心方面，思辨理性必須承認那些理念須是眞實的，這
樣，它庶可不至陷於自相矛盾中。

當作"一種態度"（一種主觀之情之狀態）看，而不是當作"一
種外表的動作"看的信仰乃是理性之在其確信那 "非理論的（知
解的）知識所能及"的東西之眞實不虛中之道德的態度。因此，
「信仰是心靈之一堅定不移的持久性的原則，依照此原則，那"必
須必然地被預設以爲最高終極目的之所以可能之條件"的那兩個
物事（卽上帝存在與靈魂不滅這兩者）是依考慮 "我們義不容辭
地去追求那個目的"之事實而被假定爲眞」[1]，而且儘管我們不
能洞見到那個目的之可能性（雖同樣亦不能洞見其不可能性），
那兩者亦必須被假定爲眞。 信仰， 依此詞之坦然明白的意義而
言，卽是一種目的之達到之確信（信心），而去推進此目的便是
一義務，但 "此目的之達成"却是"其可能性是我們所不能覺知"
的一種事， 因而結果也就是說，"我們所唯一思之以爲此目的之
達成之條件"的那種東西（上帝存在與靈魂不滅）之可能性也是
我們所不能覺知到（洞見到或理解到）的一種事。這樣說來，那
"涉及特殊對象"的信仰完全是一道德之事，設若這些特殊對象

並不是可能知識之對象或意見之對象。在可能知識之對象或意見
之對象之情形中，尤其在歷史之事情中，設若說信，那信只是或
眞或妄而易受欺紿之輕信，此則必須被名曰"易受欺紿之輕信"
(Credulity: Leichtgläubigkeit)，而不得被名曰信仰 (faith:
Glaube)。那涉及特殊對象而完全是一道德之事的信仰是一種自
由的確信 (ein freies Fürwahrhalten)，這自由的確信不是這
種任何事，卽"理論的（知解的）決定性的判斷之獨斷的證明能
爲之而被發見出"的這種任何事之確信，也不是那"我們視之爲
一責成之事"者之確信，而但只是那東西，卽"在我們依照自由
之法則所置於我們自己面前的那一目的之興趣中所必須假定之"
的那東西之確信。但這並非意謂：信仰，卽當作自由的確信或誠
信看的信仰，是在一不充分的根據上而被採用，就像一"意見"
在一不充分的根據上而被形成一樣。正相反，它是"有一理性中
之基礎"者（所謂"有一理性中之基礎"之理性乃是"只在關聯
於其實踐的使用中"之理性），而且它也是有一"可滿足理性之
意圖"的基礎者。若無此種信仰，當道德的態度（道德的思維路
數）與理論的（知解的）理性相衝擊而不能滿足理論的理性之要
求——要求於道德底對象（目標：圓善：終極目的）底可能性之
證明時，則那道德的態度（道德的思維路數）便喪失其一切穩定
性，而搖擺於實踐的命令與理論的（知解的）懷疑之間。"要成
爲不輕信的人"就是要忠於"不信賴任何證言"這一格言者；但
是一無信仰的人他否決上說兩理性理念（上帝存在與靈魂不滅這
兩理念）之一切妥效性，因爲那兩理性底理念之實在性並無理論
的（知解的）基礎。因此，這樣無信仰的人遂獨斷地作判斷而

否認之。但是一獨斷的 "無信仰" 不能與那 "管轄心靈態度" 的道德格言相平行，因為理性不能命令一個人去追求一個 "被認為一無所有只不過是腦筋之一虛構" 的〔終極〕目的。但是若就一可疑的信仰 (a doubtful faith: Zweifelglaube 雜有懷疑的信仰) 而言，則情形就不同。因為就 "可疑的信仰" 而言，從思辨理性之根據而來的 "信服之缺無" 只是一種障礙，這一種障礙乃是這樣的，即：若對於思辨理性這一機能之範圍或限度有一批判的洞見，則這批判的洞見便可把這種障礙對於行為所有的任何影響剝奪掉，而且它也可因着一高度的實踐的確信（誠信）而對這種障礙作種種修改或改正。

〔原註(1)〕：

關於 "信仰是心靈之一堅定不移的持久性的原則云云" 一長句，康德有註云：

信仰是道德法則底許諾中的一種信任。不過這所謂 "許諾" 不可被視為是包含在道德法則本身中的一種許諾，但只可被視為是 "我們把它輸入於道德法則中" 的一種許諾，而且我們之把它輸入於道德法則中是依據道德地充足根據而為之。因為一終極目的，除理性亦許諾其可達到（雖以不確定之聲調許諾之）並同時使關於 "我們的理性所能想像的這可達到性所依以可能" 的那唯一條件之確信為合法外，它不能為任何理性之法則所命令。"信仰" 這個字即表示以上所說之義；而 "信仰一詞以及終極目的或最高善這一特殊的理念如何在道德哲學中可得到一地位"，這似乎是可疑的，因為它們兩者是首先和基督教一起被介紹進來的，而且它們之被接受或許似乎只是基督教底語言之一諂媚的摹倣。但是，"此一奇異的宗教在其陳述之偉大的單純性中以更確定而且更純粹的道德學之概念（卽比道德學本身⁽¹⁾以前所曾供給者更遠爲確定而且更遠爲純粹的道德學之概念）來豐富哲學" 這層意思並不是單在"信仰一詞以及終極目的之理念之在道德哲學中得到一地位"這一情形中爲然，卽是說，這一情形並不是"此奇異的宗教於其中以某某云云來豐富哲學"之唯一的情形。但是，〔不管怎樣〕，一旦這些更確定更純粹的道德概念被發見了，則它們卽自由地爲理性所贊許，理性把它們當作如下所說這樣的一些概念而採用之，卽：理性很能够卽由其自己而很好地達到這些概念，而且它亦可以並應當去把這些概念引介出來（案意卽理性很可把這些概念當作其自身固有之概念而採用之，它們並非是宗教語言之一諂媚的摹倣。）

〔譯註(1)〕：

案"道德學本身"，原文是"diese"（代詞）。第一英譯，Bernand 譯爲"it"，似指"哲學"言；而第三英譯 Pluhar卽明標爲"哲學"，恐非。此第二英譯，Meredith 明標爲"道德學本身"，較妥。

如果我們想去更換哲學中某些錯誤的企圖而取代之，並且想去引介出一另樣不同的原則並想去爲此另樣不同的原則而得到影響力，則去看看那些錯誤的企圖如何並爲何注定要失敗，這是可以有很大的滿足或助益的。

上帝，自由，以及靈魂不滅是這樣的一些問題，卽此等問題之解決是形上學底一切辛勞的預備之所指向者，指向之以爲這些辛勞的預備之最後而獨特的目標。現在，人們相信：關於"自由"之主張，其爲必要只是對實踐哲學作爲一消極的條件而爲必要，而關於"上帝"之主張以及關於"靈魂底本性"之主張，由於是理論的（知解的）哲學之部分，則須獨立地而且各別地被證明。證明以後，上帝與靈魂不滅這兩概念中之任一概念皆須與道德法則（只有依據自由之條件才可能的那道德法則）所命令者相聯合，而一宗教也卽依此路而被達成。但是我們卽刻覺察到這樣的企圖是注定要失敗的。因爲從“事物一般”之單純的存有論的概念，或從“一必然存有底存在”之單純的存有論的概念，我們絕對不能形成這樣一個根源存有之概念，卽此根源存有之概念可經由那些“被給與於經驗中因而又有利於認知”的諸謂詞而被決定：我們絕不能形成這樣的一個根源存有之概念。但是，如果這根源存有之概念一定要基於自然之物理的合目的性（卽自然事物之自然的合目的性）之經驗上，則這根源存有之概念轉而又決不能提供一證明以適當於道德，因而結果也就是說，決不能提供一證明以適當於關於上帝之認知。此正恰如從經驗而汲得的關於靈魂之知識（我們只能得之於今生)很少能夠供給出“靈魂之精神的本性與不滅的本性”之概念，因而結果也就是說，很少能夠供給出一個“滿足道德”的概念。神學與靈魂學（Pneumatology）〔之問題〕，若視之爲在經由一思辨理性所追求的學問之興趣中所形成的問題，則此兩門學問在其概念或函義方面，對一切我們的知識之機能而言，皆是超絕的，因此，此兩門學問皆不能藉賴着任何經驗與料或經驗謂詞而被建立。上帝與靈魂(就其不滅性而言的靈魂)這兩個概念只能夠藉賴着如下所說那樣的謂詞而被規定，卽這些謂詞雖然它們自己完全從一“超感觸的根源”而引生出其可能性，然而它們却必須在經驗中證明其實在性，因爲此是“它們能使一完全超感觸的存有之認知爲可能”所依靠的唯一途徑。現在，那“須在人類理性中被發見"的那唯一的一個此類之概念 （案卽規定上帝與靈魂不滅兩概念的諸謂詞所由以引生出的那"超感觸的根源"一類之概念） 便就是人之自由之概念，卽 "服從道德法則而又在與道德法則相結合中服從終極目的（卽自由藉賴着這些法則所規定的終極目的）"的那人之自由之概念。這些道德法則以及此終極目的使我們能夠把那些特性，卽 "含有〔上帝一概念與靈魂一概念〕這兩者底可能性之必要條件"的那些特性中之前者之特性，卽 "含有上帝一概念底可能性之必要條件"的特性，〔卽道德性〕，歸給自然之創造者，而把其中後者之特性，卽"含有靈魂一概念底可能性之必要條件"的特性，〔卽靈魂不滅性〕，歸給人。這樣，只有由此自由之理念，我們始能涉及 "上帝之眞實存在"以及靈魂之本性卽不滅性，非然者，上帝以及不滅的靈魂這兩個存有（超感觸的存有）必會完全被隱藏起來而不爲我們所知。

因此，"企圖因着純然理論的（知解的）路線去達至上帝存在之證明與靈魂不滅之證明"這種企圖之失敗之根源是存於這事實，卽：如果我們遵循自然概念之途徑去進行，則根本沒有超感觸者之知識是可能的。另一方面，當我們遵循道德之途徑，卽是說，遵循自由概念之途徑，則證明所以成功之理由是因爲由那"在道德中是根本的東西"的這超感觸者（卽如自由之理念便是超感觸者）可以發出一確定的〔特種〕因果性之法則之故。藉賴着此特種因果性之法則，那超感觸者（卽自由之理念）不只是爲其他超感觸者之知識供給材料，卽是說，爲 "道德的終極目的（圓滿的善）"之知識以及爲 "此終極目的之可實行性（可達成性）之條件（卽上帝存在與靈魂不滅）之知識供給材料，而且它亦在行動中把其自己之實在性當作一"事實之事"而實化之。但是，卽以此故，那亦不可能不由一實踐的觀點去〔爲上帝存在與靈魂不滅之證明〕供給有效的論據，而那實踐的觀點也正是宗教所需要的唯一的一個觀點。

「茲總尙有一事是十分可注意者」[1]，卽：純粹理性有三個理念，此此上帝，自由與靈魂不滅是；在此三個理念中，自由之理念是唯一的一個有如下所說之特性那樣的一個超感觸者之概念，卽：此一超感觸者之概念，由於它所函蘊的因果性之故，它經由其自然中可能的結果來證明其自然中客觀的實在性：自由之理念是唯一的一個有如此云云之特性這樣的一個超感觸者之概念。正因如此，那自由之理念逐使"其他兩個理念（上帝與靈魂不滅兩理念）與自然相連繫"爲可能，並亦使"此三個理念相互連繫起來以去形成一宗教"爲可能。這樣說來，我們自己自身內卽具有一原則，此所具有之原則能夠決定在我們自身內的超感觸者之理念（卽自由之理念），而且卽依我們自身內的超感觸者之理念，它復亦能夠決定我們自身以外的超感觸者之理念（卽上帝之理念與靈魂不滅之理念），這樣決定了，便可去構成一種知識，可是這所構成的一種知識只有從一實踐的觀點來看，它才是可能的。關於此事，純然的思辨哲學，卽，甚至對於自由也只能給出一消極的概念，這樣的純然思辨的哲學，必須對之要絕望。結果，自由之概念，由於是一切不受制約的（無條件的）實踐法則之基礎概念，是故它能擴展理性，使理性超出這範圍，卽"每一自然概念或理論的（知解的）概念仍然無望地所必須限制到之"的那範圍之外。

〔譯註(1)〕:

此依原文直譯。若依 Meredith 譯則如此: "在此全局之事所處之狀況中,茲有一事是十分可注意者"。

關於目的論之一般註說

（通註上帝存在之諸種證明，最後歸於道德的證明，

成一道德的神學）

道德的論證只證明"上帝之存在"是實踐的純粹理性上的"信仰之事"。如果我們問"此道德的論證該當如何與哲學中的其他論證相比併"， 則這些其他論證之全部本錢之價值必可很容易地被評估。評估之結果是：在這裏，我們並無選擇之餘地，但只成這樣的，卽：哲學，依其理論的（知解的）能力而言的哲學，它必須在面對公正無私的批判中自動地放棄其一切要求──〔"要求於那些理論的（知解的）論證"之要求〕。

哲學必須首先依據那屬"事實之事"者置下一切確信之基礎，要不然，那確信必會是完全無基礎的。因此，那"能發生於諸證明中"的唯一差異是在這一點上，卽：在由此"事實之事"而推出的後果中之確信是否是依理論的（知解的）認知上之知識之形式而基於"事實之事"，抑或是依實踐的認知上之信仰之形式而基於"事實之事"。一切"事實之事"或是屬於自然之概念，此自然之概念乃是"在那些「先於一切自然之概念而被給與或可被給與」的感取之對象中證明其實在性"的那種自然之概念；要不然，則或是屬於自由之概念，此自由之概念可因着理性之因果性而充分地實化其實在性，此理性之因果性卽是那"關於感取世界中的某些結果方面"的一種因果性（所謂某些結果乃卽是藉賴

着那理性之因果性而可能的那些結果），這一種理性之因果性乃是"理性在道德法則中不可爭辯地要設定之"的一種因果性（案此即意志之因果性）。現在，自然之概念（即"只屬於理論的或知解的認知"的自然之概念），它或是形而上學的而且完全是先驗的自然之概念；或是物理的自然之概念，此是後天的自然之概念，而且是"必然地只因着決定性的經驗而始爲可思議的"這樣的自然之概念。因此，形而上學的自然之概念（即那"不須預設任何決定性的經驗"的自然之概念）即是"存有論的自然之概念"。

現在，由一根源存有之概念而引出的"上帝存在"之存有論的證明可以取兩路線中任一路線而進行。它可以僅由那些"能使根源存有可以完全在思想中被規定"的諸存有論的謂詞開始，然後再由此等存有論的謂詞推斷此根源存有之絕對必然的存在。若不如此，它也可以由任何某物或他物底存在之絕對必然性開始，然後再由此某物或他物底存在之絕對必然性推斷那根源存有之諸謂述詞。因爲一根源的存有經由其本身之概念（這樣它便可不是一被推出的存有）即可函蘊其存在之無條件的必然性（這樣這必然性便可被程式於心中而可爲我們所思議）並亦即可函蘊其完全經由其本身之概念而來的決定。現在，上面所說的那兩種需要（案即存有論地證明"上帝存在"需要兩路線之需要）皆被設想爲須被發見於"一最高無比的眞實存有之存有論的理念"這一概念中。這樣，逐出現兩個形而上的論證。（案即"存有論的論證"與"宇宙論的論證"這兩個論證）。

那"基於自然之純粹形上的概念上"的證明（嚴格言之，此即普通所謂存有論的證明）是從最高無比地眞實的存有之概念開始的，而且即由此概念來推斷此最高無比地眞實的存有之絕對必然的眞實存在，因而此論證遂是這樣的，即：倘若此最高眞實的存有不存在，則它必缺少一個實在性，即是說，必缺少一個眞實的存在之存在性。

另一種普通所謂"形上宇宙論的證明"（metaphysico-cos-mological proof）則是由某物或他物底眞實存在之必然性開始（此則好像我必須一定要承認之，因爲有一種存在是在我自己的自我意識中被給與於我的），而即由此某物或他物底眞實存在之必然性而推斷出那最高存有或根源存有之完整的決定以爲一最高無比的眞實存有。因爲如所辯說的那樣，雖然凡有眞實存在的東西皆須在一切方面都是被決定了的，可是那絕對必然的東西，即是說，"我們須如其爲絕對必然者那樣而去認知之"的那個東西，因而結果也就是說，"我們須先驗地去認知之"的那個東西，却必須即經由其概念之自身而完整地被決定；但是這樣的完整的決定只能在一最高無比的眞實存有之概念中被發見。

以上兩種證明之推斷中的詭辯並不須在這裏被揭露，因爲在別處早已被揭露過。（案即純粹理性之批判辯證部關於上帝存在之證明處早已一一檢討過。）現在在這裏一切我需要去說的便是： 設讓這些證明以你所願的種種辯證的微妙去維護之，它們也從未能從學園中下降而可以進入於日常生活中，或能夠去散發絲毫影響力於平常健全的智力（或知解）上。

〔又〕我們〔亦〕可把一種證明基於這樣一個"自然之概念"上，即：此一自然之概念雖只能是經驗的，然而它却猶想引我們去超出那"作爲感取對象之綜集"的自然之範圍之外。那"基於這樣一個自然之概念上"的一種證明只能是由"自然之目的"而引生出的一個證明。雖然自然目的之概念,無疑,不能先驗地被給與,但只能通過經驗而被給與,然而這一證明却許諾"自然之根源的根據"這樣一個概念是我們所能思議的一切那些自然之根源的根據之概念中唯一的一個專屬超感觸者之概念,即是說,是那當作世界之原因看的一個最高睿智體之概念。而事實上,就反省判斷力之原則而論,即是說,就我們人類的認知機能(能力)而論,這一證明亦確實能作到此一步。但是現在,這一證明亦豈能把這樣一個概念,即"一最高的或獨立的睿智存有之概念當其進而復被理解為一上帝之概念時,即是說,當其進而復被理解為一服從道德法則的世界創造者之概念時,因而也就是說,當其進而復被理解為對世界底存在之一終極目的之理念而言亦是充分地確定的一個概念時"這樣一個概念,給與於我們嗎?這問題乃是這樣一個"一切事皆依之而轉"的問題,即:我們是否為了我們的全部自然知識之故而去尋求一理論地(知解地)足夠的根源存有之概念呢?抑或是為了宗教之故而去尋求一實踐的概念呢?

此一由"自然的目的論"而引生出的論證是很值得尊敬的。就說服力而言,論證之訴諸常人之睿智同於其訴諸最精緻的思想家;而萊瑪露斯(Reimarus)則因着努力於此種思想之路線而贏得一不朽的榮譽(他在其尚無人能超過之的作品中以其特有的深度與清晰來從事於此種思想之路線)。但是此證明所散發於心靈上的那種有力的影響力,特別所散發於"由理性之冷靜的判斷而發生"的一種"安然而完全自願的同意"上的那種有力的影響力,其根源是什麼呢?因為那因着自然之諸般奇異的東西而產生的心靈之激動與升高很可歸之於誘勸（persuasion）， 而不足以算作使人信服。那麼那種散發於心靈上，散發於 "安然而完全自願的同意" 上的那有力的影響力，其根源究竟是什麼呢？諸自然之目的一切皆指點到世界原因中一不可測度的睿智： 那有力的影響力之根源是這樣云云的自然之目的嗎？決不是！諸自然之目的必應是一不充分的根源，因爲它們不能滿足理性底需要或一探究的心靈之需要。因爲理性問： 一切那些展示種種技巧形式（種種巧妙形式）的自然事物其存在是爲什麼目的而存在呢？並問：人自己究竟爲什麼目的而存在呢？考慮到人，我們不可免地要停止，因爲人是我們所能思議的"自然之末後一級的目的"（佛家所謂人身難得）。理性問； 這樣意義的人其自己究爲什麼目的而存在呢？並問：此全部自然爲什麼要存在呢？而此全部自然之豐富而千變萬化的技巧之終極目的又是什麼呢？若提議說：那是爲着享樂，爲着被注視， 被通覽， 被讚賞， 而被造成（事情若終於此，那亦不過等於一特種享樂而已）， 儻若享樂就是世界以及人本身存在在那裏之末後而又終極的目的：若只這樣說，這並不能滿足理性。因爲個人的價值（人只能把此個人的價值給與於其自己）是爲理性所預設的，預設之以爲這唯一的條件，卽單依據此唯一的條件，人以及人的存在始能成爲一終極目的。在此個人的價值不存在之情形中（單只此個人的價值許有一確定的概念），光只自然之目的並不能處理（滿意地回應）我們的問題（卽上面理性所探問的那些問題）。特別言之，光只這些自然目的， 它們對於那當作一切皆足的存有看的最高存有（而亦正因其爲一切皆足的存有之故，是故遂可說它是一個獨特的而又最恰當地言之是一個最高的存有：對於這樣云云的最高存有），不能供給任何確定的概念，而且對於這樣的法則，即"依照這些法則，那最高存有底睿智始是世界之原因"，這樣的法則，它們亦不能供給任何確定的概念。

因此，"自然目的論的證明之產生確信正恰如它亦是一神學的證明"這一層意思並不是由於"自然目的之使用，使用之以為一最高睿智體之如許經驗的證據"而然。正相反，那正是這道德的證據它暗中滲進這證明之推理過程，這所滲進或混進之道德的證據乃正是那處於每一人之心靈中而且深深地影響每一人之心靈者。一個人並不能停止於這樣的存有，即"在自然之目的中以如此不可理解的技巧而顯示其自己"這樣的存有處，他須進而再去把一終極目的,因而結果也就是說,把智慧歸給此存有,然而光只這樣的自然目的之覺知並不能使人有資格去把一終極目的或智慧歸給那存有。這樣說來，這暗中混進的道德證據乃是關於自然目的論的證明之內在而固有的缺陷中之隨意補充的東西。因此，那實是只有道德的證明它才能產生一確信，而且就是這道德的證明之產生一確信也只是從"每一人在其心靈深處所同意"的那道德考慮之觀點來看才是如此。自然目的論的證明之唯一的功績是如此，即：它引導心靈在其通覽世界中去取用目的之途徑，並且即依此路數，它把心靈指引到一個睿智的"世界之創造者"。如是，在此點上，"道德的關涉於目的"以及"一道德的立法者與道德的世界之創造者"之理念，依一神學概念之形式而言者，好像完全自然地從自然目的論的證據中生長出一樣，雖然事實上，它們實純然只是一外加。

在這裏，這件事可以讓其停止於問題之通常的陳述。因為當通常的健全的理性混融了兩個不同的原則而不分，而事實上實只從其中之一原則而引出其正確的結論時，則一般說來，它可以見到：如果此兩原則之分離需要很大的反省時，則"去把它們當作異質的原則而使之彼此分離開"這必應是困難的事。但是，此外，上帝存在之道德的論證，嚴格言之，並不只是補充自然目的論的證明以使其為一完整的證明。它反而倒是一另一不同的證明，此另一不同的證明補償了"自然目的論的證明之想令人信服"之失敗。因為自然目的論的論證其所能為者事實上實不過只是在理性之評估自然中，以及在此自然之偶然而可讚美的秩序中（那只通過經驗而被知於我們的那可讚美的秩序中），指導理性，並且把理性之注意引導到一個"依照目的而動作，而且卽如其為依照目的而動作，因而亦是自然之根源"這麼一個原因上，對於這樣一個原因，我們因着我們的認知機能之本性必須思議之為睿智的，而卽在此路數中，它可以使理性更易感受到道德證明之力量。因為那作為"自然之根源"的那原因之概念所需要的那東西（卽所需要的那"道德的"一特性，在"睿智的"一特性外再加上"道德的"一特性，這所加的"道德的"一特性）是本質上如此之不同於那"在自然概念中被發見而且在自然概念中被教導"的任何東西，如是，遂至於那原因之概念需要有一特別的前提與證明，這一特別的前提與證明乃是完全獨立不依於那自然目的論的證明者，此卽是說，如果那根源存有之概念須特別規定之為對於神學為足夠者，而且對於那根源的存有之被推斷的存在亦為足夠者，則那原因之概念卽需要有一"完全獨立不依於自然目的論的證明"之一特別的前提與證明（即需要有一道德的證明以及此證明之根據）。 道德的證明之證明上帝之存在當然是只當我們考慮理性之實踐面因而亦是不可少的一面時，它才能證明上帝之存在。因此，這樣的道德的證明，縱使我們在世界中碰不到自然目的論之材料，或只碰見自然目的論之模糊不顯的材料，它亦必仍然繼續保有其全力。我們能想像諸理性的存有（如人類）見其自己是處於這樣一種自然中，即此自然並不表明有機組織之痕跡，但只表明粗糙生硬的物質之一純然機械作用之結果；既見其自己處於這樣一種自然中，如是隨之，又去注意那些機械作用之結果，並去注意某些只是偶然地合目的的"形式與關係"之可變性（即形式與關係之時而合目的又時而不合目的）；既這樣見其自己，又這樣去注意，如是，則我們必無理由去推斷一睿智的創造者。在這樣一種自然中，必不會有什麼東西足以去暗示一自然的目的論。可是雖然如此，然而理性，當其在這裏不能從自然之概念得到任何教導時，它猶可在自由之概念中，以及在基於自由之概念而來的諸道德理念中，去找到一個實踐上足夠的根據，由此實踐上足夠的根據，我們便可去設定根源存有之概念為適當於那些道德理念者，即是說，設定這根源存有之概念為一"神體"；不特此也，並可由此實踐上足夠的根據去設定"自然"（甚至亦包括我們自己的存在在內的那自然，〔實即設定我們自己的存在〕）為一終極目的以回應自由以及自由之法則（即自由意志所自立之法則）： 而我們之如此設定皆是在考慮實踐理性之不可缺少的命令中而為之。 但是，"在現實世界中，有自然目的論方面的大量的材料存在着以滿足此現實世界中的理性存有如人類"這一事實（雖不是一先行地必然的事）實可充作道德論證之一可欲的證實，只要當大自然能給出或顯示出任何事而可類比於理性之理念（在此情形中卽道德的理念）時。因爲一"具有睿智"的最高存有之概念（此一概念對神學而言很不足夠〔因只有睿智性而無道德性故〕）可以因着那辦法（卽"大量自然目的論的材料可充作道德的論證之可欲的證實"之辦法）而獲得其"對反省判斷力而言爲足夠"的實在性。但是此一"具有睿智"的最高存有之概念並不是所需要以爲"道德的證明"之基礎者；而道德的證明亦不能被用來去完整起自然目的論的證明（此自然目的論的證明其自身實不能指點到道德性），而且它亦不能被用來去使自然目的論的證明，因着"把那「基於同一基本路線上」（「基於一單一的原則上」）的推理行列連續進行下去"之辦法，而成爲一個完整的證明。像自然與自由這樣不同的兩個異質的原則只能產生兩種不同的證明路線，而"想從自然去引生出所要討論的證明（卽上帝存在之證明）"這想法將見對那所欲被證明者而言是很不足夠的。

如果自然目的論的論證之前提對於所欲求的證明眞是足夠的，則結果必會使思辨理性甚感滿意。因爲那些前提必應可供給一種希望以去產生一種"知神學"（Theosophy: Theosophie）。所謂"知神學"就是關於"神的本性以及其存在"的一種"理論的（知解的）知識"之名稱，這一種理論的（知解的）知識足以使我們去說明世界底構造本性以及道德法則之「特別的範圍」（道德法則之定分 der Bestimmung der sittlichen Gesetze）。同樣，如果〔理性的〕心理學足以使我們去達到一種"靈魂不滅之知識"，則它必會打開靈魂學（氣靈學或精靈學 Pneumatology）

之門而使之爲可能，而這一種靈魂學亦必同樣可爲理性所接受。
但是不管你怎樣去奉承一種無謂的好奇心之虛榮，那兩種學問，
卽知神學與靈魂學，皆不能滿足理性在關於理論或學說方面之欲
求，因爲所謂學說或理論（theory）必須是基於 "事物底本性之
知識" 上的。但是當那兩種學問皆基於道德的原則上，卽是說，
皆基於自由之原則上，因而亦皆適宜於理性之實踐的使用時，則
它們兩者，知神學依神學（Theology）之形式而言（意卽作爲
神學），而靈魂學則依人類學（Anthropology）之形式而言（意
卽作爲人類學），是否不更可滿足此兩門學問之最後的客觀意圖，
這便完全是另一不同之問題，而對於這另一不同之問題，我們在
這裏無須再進而更去論究之。

　　但是 "自然目的論的論證何以不能達到那神學之所需" 之理由
是如此，卽：此論證實不曾而且亦不能給出任何根源存有之概念
對那神學之所需爲足夠地確定的。這樣一個根源存有之概念須完
全從另一地區而引生出，或至少你必須從別處因着那是一隨便增
加者而去補充這概念之缺陷。你從種種自然形態以及此種種自然
形態之各種關係之偉大的合目的性來推斷一睿智的 "世界原因"。
但是此睿智之程度是什麼呢？顯然你不能假定說它是最高可能的
睿智；因爲你若想這樣去假定，你必須要去看到： "一種更大的
睿智，卽比「你對之在世界中見有證據」的睿智爲更大，這樣一
種更大的睿智是不可思議的"，而你之要去看到這一層這必意謂
你想把 "無所不知" 歸給你自己。同樣，你可以從 "世界之大"
（世界之量度）推斷世界之創造者方面的一個十分偉大的力量。
但是你要承認：這所謂十分偉大的力量之 "偉大" 對你的理解力

而言只有比較的意義，而同時你也要承認：因爲凡一切皆可能的
東西，你不能皆知之，知之以便把它們拿來和那被知於你的"世
界之量度"相比較，是故你不能從如此之小的一個世界量度之標
準去推斷世界之創造者之"無所不能"。其他等等皆然。現在，此
即表示這並不能把你帶到一個"適合於一神學"的根源存有之任何
確定的（決定的）概念。因爲那"適合於神學"的根源存有之確
定概念（決定概念）只能見之於那些"與一睿智體（一知性）相聯
合"的諸圓滿物底綜體之思想中，而對此綜體之思想而言，只
經驗的故實（data）並不能給與你任何幫助。但是你若離開了這
樣一個決定性的概念，你便不能作任何推理去推斷一唯一的睿智
的根源存有；不管你的意圖怎麼樣，你只能作假定，假定這樣一
個存有。現在，確然無疑，你自可很容易有自由去作一"隨意的
增益"（因爲理性不能提出有效的反對不准你有這樣的自由），你
有了這樣的自由，你便可說：當一個人遇見如許多的圓滿時，一
個人也同樣可以假定一切圓滿皆可被聯合統一於一獨特的世界原
因中；因爲理性實能夠把這樣一個確定性的原則既理論地（知解
地）又實踐地轉到較好的利用。但是那樣轉用了後，你並不能把
此根源存有之概念頌揚爲一個"你已把它證明了"的概念，因爲你
只在理性之一較好的使用之興趣中假定了它。因此，爲了對於你
的推理連鎖之終局性（說服力）投擲一懷疑，你便覺得有什麼了
不起的嚴重冒犯之罪，爲了這設想的嚴重冒犯之罪，你便有哀傷
或憤怒，你這一切〔多情的〕哀傷或無力的憤怒都只不過是無謂
的自負或裝模作樣的做作而已。這些哀傷或憤怒必會深願我們相
信：那關於"你的論證之有效性"的自由地表示了的懷疑是對於

神聖的眞理發疑問；旣深願我們這樣相信，如是，則在此相信之遮蓋下，你的論證之弱點便可被掩護過去而不爲我們所注意。

另一方面，道德的目的論之基礎並不比自然的目的論之基礎爲更弱，而事實上，由於它先驗地基於那些"與我們的理性不可分離"的原則上，是故它定須被視爲是處於一較好的地位中。像如此云云的道德的目的論，它可以引至一神學底可能性之所需要者，卽是說，它可以引至一個確定的最高原因之概念，這所謂確定的最高原因乃卽是那當作一個"和道德法則相一致"的世界原因來看者，因而結果也就是說，它是可以當作一個"滿足我們的道德的終極目的"這樣一個原因來看者。現在，這如此云云的原因乃卽是這樣一個原因，卽其所需要之以爲"足以特徵化其作用"的那些天然屬性（意卽"作爲其本性之特徵"的那些屬性）沒有什麼東西可以低次於無所不知，無所不能，無所不在，等等者。這些作爲其本性之特徵的天然屬性必須被思爲是"連接於那有無限性的道德的終極目的"的一些屬性，因而結果也就是說，它們必須被思爲是"足夠於或適當於那道德的終極目的"的一些屬性。這樣說來，唯道德的目的論始能供給那"適合於一神學"的一個獨特的世界底創造者之概念。

依此路數，神學也直接引至宗教，卽是說，直接引至"確認我們的義務爲神的命令"之確認。因爲那只有"我們的義務之確認以及我們的義務之內容（卽理性所吩咐給我們的那終極目的）之確認"才能夠去產生一確定的上帝之概念。因此，此一確定的上帝之概念從其根源上卽不可分離地與"吾人之對上帝之義務"（不同於對人之義務者）相連繫的。另一面，縱使假定：因着追踪理論的（知解的）途徑，一個人能夠達到一確定的根源存有，即作爲單純的世界之原因這樣的一個確定的根源存有之概念，然而此後他亦必很難去有效地證明此一根源存有得具有其依照道德法則而成的因果性，而且或許設若他不訴諸隨意的增益，他亦根本不可能證明到此一根源存有得具有此種因果性。但是，如果這樣一種因果性之概念被略去了，則那個所謂神學的概念（jener angeblich theologische Begriff）必不能形成一基礎以支持宗教。縱使一個宗教能依此等理論的（知解的）路線而被建立，可是在那"接觸到意向或情操"的東西中（此是宗教中本質的成素），依理論之路而建立起的宗教亦必實際上是一個"不同於那「於其中上帝之概念以及上帝存在之實踐的確信是由根本的道德性之理念而發者」這樣的宗教"之宗教。因爲如果世界創造者方面的全能全知等是一些"從另一地區而給與於我們"的概念〔而不是從基本的道德性之理念而發者〕，而且既這樣，又如果我們把這些概念視爲當然，其被視爲當然只是爲的如是視之，我們便可以把我們的義務之概念應用於我們之對於這樣的創世主之關係上：如果是如此云云，則這些義務之概念必不可免地要顯示出强烈的被迫與迫降之跡象（案意即完全是被動的）。可是如果不是這樣，則另一可能又怎樣呢？如果我們的眞正存有（我們的天職，分定 Bestimmung）之終極目的是自由地，而且是藉賴着我們自己理性之箴言，因着對於道德法則之尊敬，而被描畫出來（被表象出來），則又怎樣呢？既那樣被描畫出來（被表象出來），如是，則我們便可把一個"與那終極目的相諧和並與那終極目的之完成相諧和"的〔最高〕原因接納於我們的道德遠景中，而且我們是以最深的敬意來接納那〔最高〕原因於道德遠景中（這最深的敬意是完全不同於感性的不健全的病態恐懼的），而且我們亦自願地在那〔最高〕原因面前屈膝鞠躬[1]。

〔原註[1]〕：

康德在此有註云：

對於"美"的讚美以及因着千變萬化的"自然目的"而引起的激情，這種讚美與激情是一反省的（沉思的）心靈所能感到之者，即在一睿智的世界底創造者之任何清晰的表象之前即能去感到之者（意即對於睿智的世界底創造者未有清晰的表象以前，反省的心靈即能感到對於美之讚美以及那由千變萬物的自然之目的而引起的激情）。這種讚美與激情對於"美"與"自然之目的"有某種"類似於一宗教之情"的東西。因此，"美"與"自然之目的"似乎根本上要因着那"類比於道德模式"的一種評判性的判斷之模式而去施作用於道德情感上（即施作用於那"朝向不被知的原因而起感謝與崇敬"這種感謝與崇敬之道德之情上），因而也就是說，它們要因着激起道德理念而去影響於心靈。這樣說來，那正是"美"與"自然之目的"它們兩者始鼓舞起那種讚美，那種充滿着更多的興趣之讚美，即遠比"純然理論的（知解的）觀察所能產生的興趣"爲更多的興趣之讚美。

但是，畢竟需要有一神學，這對於我們究有什麼緊要呢？關於這一問題，顯然，那神學並不是對我們的自然知識之擴張或正確而言，或對任何理論或學說而言，爲必要。我們只因爲宗教之故始需要有神學，那就是說，只因爲我們的理性之實踐的使用，或換言之，道德的使用之故，始需要有神學，而且我們之這樣需要有神學是把神學當作一主觀的必要而需要之。現在，如果結果終於是如此，卽：那"引至神學對象之一確定概念"的那唯一論證其自身卽是一道德的論證，如是，則所有之結局看起來將不足爲奇。不但不足爲奇，而且還是這樣的，卽：我們將亦並不感到經由此證明而產生的確信（誠信）無論如何達不到其所想的終極意圖（或於其所想的終極意圖方面總有所不足），設若我們明白此種論證之證明上帝之存在是只依那"滿足我們的本性之道德面（我們的道德本分）"的路數而證明之時，卽是說，是只從"一實踐的觀點"而證明之時。在這種證明裏，〔理論的（知解的）〕思辨無論如何並不能展現其力量，亦不能擴大其領域之邊界（範圍）。復次，這驚異，卽對於"我們在這種證明裏肯斷一神學之可能性"這一事實有所驚異之驚異，以及這肯斷中的所謂矛盾，卽那"與「思辨理性之批判關於範疇所說者」相矛盾"之矛盾，依據密切的檢查，皆將消失而不見。那思辨理性之批判（卽第一批判）中〔關於範疇〕所說的是如此，卽：範疇之產生知識是只當其應用於感取之對象時始能產生知識，而當其應用於超感觸的東西上，它們決無法產生知識。〔依道德的證明肯斷一神學並不與此義相矛盾。是故第一批判中雖有此說，〕但是以下一點應該被覺察到，卽：雖然在這裏（卽在肯斷其爲可能的神學處），範疇是爲了上帝之知識而被使用，然而其如此被使用是只在實踐的意圖上而如此被使用，而並不是在理論的（知解的）意圖上而如此被使用，那就是說，它們並不指向於上帝之內在而固具的，爲我們所不可測度的"本性"上去。讓我們乘此機會對於上面所說第一批判中那個主張之誤解作一了當。那個主張是這樣的，卽：它是十分必要的，但就盲目的獨斷主義者之因挫敗而感苦惱或失望而言，它亦可以使理性歸限於其恰當之範圍。我們卽想乘此機會對於有如此作用的那個主張之誤解作一了當。要想達此了當之目標，我在這裏附加以下之說明。

如果我把運動力歸給一"物體"，因而藉賴着因果性之範疇而去思議這物體，如是，則我同時卽藉賴着因果性之範疇而去認知這物體；那就是說，我是藉賴着那"在具體中當作一感取之對象而應用於這一物體上"者（案卽藉賴着運動力）去決定我所有的這作爲一"對象一般"的"物體"之概念。（那"在具體中作爲一感取之對象而應用於這一物體上者〔案卽運動力〕便卽是所說的〔因果〕關係底可能性之〔具體的〕條件）。這樣說來，設若我所歸給一物體的那動力學的"力"是拒斥之力，如是，則縱使我尚未在此一物體旁邊置放"其所向之以散發其拒斥力"的那另一物體，我也可以用一空間中之地位去謂述此一物體，進而用一種廣延或此物體自身所具有的空間去謂述此一物體，而且除此以外，以此物體之諸部分所有的驅退力塡滿此空間，卽以此空間之塡滿來謂述此一物體，而且最後以管轄此空間之塡滿之法則來謂述此一物體，而所謂法則我意卽是這法則，卽："諸部分中的拒斥力必須比例於物體底廣延之增加而減少，並比例於此物體之「以同樣的部分且藉賴着此同樣的部分之拒斥力」所塡滿的那空間之擴大而減少"這一法則。對於一動力學的"力"固可如此，可是另一方面，如果我形成一超感觸的存有之概念，以這超感觸的存有爲一最初的運動者（prime mover），而且隨而在考慮世界中之同樣的活動模式中，卽是說，在考慮物質之運動中，去應用因果性之範疇：如果是如此云云，我必不可因此便想去思議那作爲

"最初運動者"的超感觸的存有須存在於空間中的任何地方，或去思議之為有廣延者，不，我甚至也不能思議之為存在於時間中者，或思議之為與其他存有為共在者。夫既不可如此思議之，如是，我沒有任何種"思想方式"（任何種"決定"，經由範疇而成的"決定"）足以說明這條件，即那"由這「作為根源」的超感觸的存有而引生出的運動所依以可能"的那條件。結果，由作為最初運動者這樣一個原因之謂詞，我對於最初運動者這樣一個超感觸的存有得不到絲毫具體的認知：我只有那"含有世界中的運動之根源"這樣的某種東西之表象。而由於此作為原因（作為世界中的運動之根源）的"某物"對於那世界中的諸運動所處之關係並不能進而把那"屬於作為原因的某物之構造（本性）"的任何東西給與於我，是故徒只這關係逐使此原因之概念完全成為空的。何以故如此？理由是：用那"只能得到感取世界中的對象"的諸謂詞作開始，無疑，我可以由之進到那"必須含有此諸謂詞之〔超越的〕根源"的某物之存在，但是我却不能由之進到這作為一"超感觸的存有"的某物之概念之決定，即"排除那一切諸謂詞而超越於那一切諸謂詞以外"的那個某物之概念之決定。因此，如果我想藉賴着一"最初運動者"之概念而使"因果性"之範疇成為決定的，則這絲毫不能有助於我之去認知"上帝是什麼"。但是如果我從世界之秩序開始，進而不只去思議超感觸的存有之因果性為一最高的睿智體之因果性，且亦藉賴着此所討論的概念（即最初運動者之概念）之決定去認知此超感觸的存有之因果性：如果我是如此云云，則我或許將更順利一點；因為這樣一來，那令人麻煩的空間與廣延之詞語便被除掉了。毫無疑問，呈現於世界中的那偉大的合目的性迫使我們去思議此合目的性有其最高的原因使之然，而此一最高原因之因果性有一睿智在其背後。但這決無法使我們有權去把這樣一種睿智歸屬給那個最高原因。（這樣，舉例言之，譬如：我們一定要思議上帝之"永恒性"爲在一切時間中的一種存在，因爲我們對於純然的存在除形成一量度之概念外，或換言之，除形成如持久或久歷 duration 這樣一個量度之概念外，我們不能形成任何其他概念。同樣，我們須去思議神之"無所不在"爲在一切地方中的一種存在，這樣思之以便在關於互相外在的事物中把上帝之直接的現存性説明給我們自己。但是我們之這樣去思上帝並沒有隨便去把這些"思想形式"或"決定"中之任何一種"思想形式"或"決定"歸屬給上帝以爲所認知於上帝的某種東西。）如果我之決定人之因果性是在關於某些產品中（這某些產品只有因着涉及有意的合目的性始爲可解釋的），經由思議"這因果性爲〔由〕人方面的一種睿智〔而發的因果性〕"：經由如此之思議而決定之，我並不需停止在這裏（停止在這思議之思想處），我且能夠把因果性這謂詞當作人之一常見的屬性而歸屬給人，我並且因着這樣地把它歸屬給人而同時亦卽認知了人。因爲我知道：〔在這裏，這有關的〕諸直覺皆是被給與於人之感取的，而且這些直覺也是藉賴着知性而被置於一概念之下的，因而也就是説，被置於一規律之下的；我也知道：此概念只含有公共的記號（特徵），它讓特殊者被略去，因此，它只是辨解的（discursive）；並且我亦知道：那些"足以使我們把諸表象置於一意識之一般形式下"的諸規律皆是爲知性所給與，卽在那些直覺〔被給與〕以前卽已爲知性所給與，如此等等，還有其他，皆所已知。〔案凡此所知者皆見第一批判分析部〕。依此，我把上說的因果性這屬性歸屬給人是把它當作這樣一個屬性，卽"我因着這屬性而可以認知人"這樣一個屬性，而把它歸屬給人。但是現在假設我想去思議一超感觸的存有（上帝）爲一種睿智，雖然當我要去運用我的理性之某些功能時，此設想不僅是可允許的，且亦是不可避免的，雖是如此云云，但我却決無權利自以爲我能把這一種睿智歸屬給那個超感觸的存有，而且因着這樣的歸屬，遂又自以爲可因着那存有底屬性之一而去認知那存有。因爲在超感觸的存有那種情形中，我必須略去上面所說的那一切條件，卽"在其下我知道一種睿智"的那些條件〔案卽直覺與概念或範疇等條件〕。結果，那"只適用於人之決定"的謂詞是完全不可應用於一超感觸的對象的。因此，我們完全不可能藉賴着任何這樣確定的(決定的)因果性去認知"上帝是什麼"。不僅就因果性說是如此，就一切其他範疇說亦是如此。諸範疇，除非它們被應用於可能經驗底對象，否則，它們在那依理論的（知解的）考慮而言的知識上不能有任何表意可言。但是依據一種知性之類比，我甚至亦能夠去形成一超感觸的存有之概念（不，當我注意於某種其他方面之考慮時，我必須如此去形成之），但我並不因着這樣去形成之，我就想理論地（知解地）去認知那超感觸的存有。〔我之能夠而且必須這樣去形成之是表示：〕我須涉及超感觸的存有之這樣一種因果性之情形，卽這因果性是有關於世界中之這樣一種結果者，卽：此結果是牽連着或伴隨着那"是道德地必然的，但對有感性的衆生而言却又是不可實現或達到的"這樣一種目的者。因爲在那種形成超感觸的存有之概念之情形中，一種關於"上帝及上帝之存在"之知識，即是說，一種神學，是因着那"只依照類比而思議之於上帝"的這種因果性之屬性與決定而為可能的，而這一種知識之有其一切必要的實在性亦是在一實踐的關係中，且亦只在關於這種關係中，即是說，是在關聯於道德中，始能有之。因此，一"道德的神學"是完全可能的。因為雖然"無有神學"的道德學確然可以與同其自己之規律自行持續下去而自存，然而"無有神學"的道德學卻不能與同其自己之規律所吩咐的那終極目的自行持續下去而自存，除非在關於此終極目的中，此道德學把理性投擲於虛空中。但是一"神學的道德學"（純粹理性方面的神學的道德學）卻是不可能的，因為假若法則是這樣的，即它們根源上不是為理性自身所給與，而理性又不能致使"遵守法則"成為一實踐的能力，則這樣的法則便不能是道德的。同樣，一"神學的物理學"（神學的自然學）必會是一畸形的怪物，因為它不會提出任何自然之法則，但只能提出一最高意志之法令。而同時另一方面，一"自然的神學"，或恰當言之，一"自然目的論的神學"，卻至少能對於一真正的神學充作一預備（前奏），因為藉賴着"自然目的"之研究，（關於這些自然目的，自然目的論的神學呈現一豐富的供應），自然目的論的神學可以使吾人豁醒於一終極目的之理念，而此一終極目的之理念乃是自然所不能顯示者。結果，自然目的論的神學能使我們感到有需於如此之一種神學，即此一神學它一定可以規定上帝之概念為足夠於理性之最高的實踐使用者，雖然那自然目的論的神學尚不能產生出這樣一種神學，亦不能找出那"足以支持這樣一種神學"的證據。

〔**譯者案**〕:

　　此最後所附加的一氣說下來的一段長文目的在說明第一批判中所表明的"範疇只應用於可能經驗之對象，並不可應用於超感觸的對象如上帝"之主張。因此，範疇不是理論地（知解地）認知"上帝是什麼"之條件，因而對於上帝亦不能有理論的（知解的）知識。由此遂結成：只有一"道德的神學"是可能的；而"自然目的論的神學"實不是一真正的神學，只是此真正的神學之預備或前奏。同時並表明"神學的道德學"之不可能，一如"神學的物理學"（神學的自然學）之不可能。

國家圖書館出版品預行編目資料

康德：判斷力之批判（下冊）

牟宗三譯註. – 初版. – 臺北市：臺灣學生，民 81-82
面；公分

ISBN 978-957-15-0481-0(平裝)

1. 康德（Kant, Immanuel, 1724-1804） – 學識 – 哲學
2. 哲學 – 德國 – 18 世紀

147.45   81004976

康德：判斷力之批判（下冊）

譯　註　者：牟　　　宗　　　三
出　版　者：臺 灣 學 生 書 局 有 限 公 司
發　行　人：孫　　　善　　　治
發　行　所：臺 灣 學 生 書 局 有 限 公 司
　　　　　　臺北市和平東路一段七十五巷十一號
　　　　　　郵 政 劃 撥 帳 號：00024668
　　　　　　電　話：（02）23928185
　　　　　　傳　眞：（02）23928105
　　　　　　E-mail：student.book@msa.hinet.net
　　　　　　http://www.studentbooks.com.tw
本書局登
記證字號　：行政院新聞局局版北市業字第玖捌壹號
印　刷　所：長 欣 彩 色 印 刷 公 司
　　　　　　中 和 市 永 和 路 三 六 三 巷 四 二 號
　　　　　　電　話：（02）22268853

定價：平裝新臺幣二五〇元

西 元 一 九 九 三 年 一 月 初 版
西 元 二 〇 一 〇 年 三 月 初 版 二 刷

牟宗三先生著作目錄：